仕訳でかんがえる
会計学入門

平野 智久 著

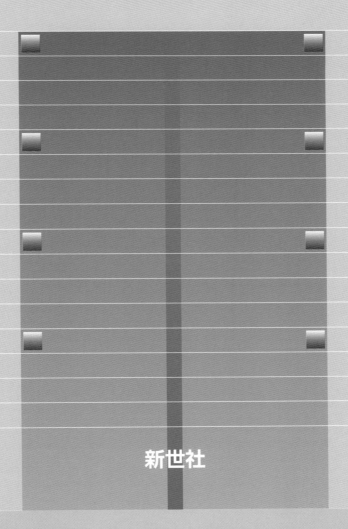

新世社

はしがき

　『仕訳でかんがえる会計学入門』と題した本書は，大学における教養科目としての「簿記・会計学」の講義での利用はもちろんですが，社会人となってから「経理・財務」の重要性に気づいたときの読み物としての利用も想定されています。実践における会計は，企業をとりまく環境や時代の変化によってさまざまです。したがって，最新の規則や処理方法を「おぼえる」だけでは，その知識は陳腐化しかねません。また，「○○試験に合格する」といった目標設定は短期的な効果を期待しうるものの，応用の利く基礎力として定着するかは別の問題です。「簿記・会計学」はややもすれば "how-to" に偏りがちな学問領域ですが，意外にも，早い段階から構造を意識することが将来の伸びしろを拡げるに違いありません。

　このような問題意識にもとづき，本書の第1部（基礎編）は営業活動にまつわる会計，第2部（応用編）は金融活動にまつわる会計，といった構成としました（図表0-1）。株式会社を前提とすれば，会計とは「会社がおこなったさまざまな活動にかかわるカネの顛末を株主へ報告すること」といえ

● **図表 0-1　営業活動および金融活動の一例**

営業活動：［現金 100 万円を支払って仕入れた商品を，105 万円で売り渡しました。］

　　現　　金 100　→　商　　品 100　→　売上原価　100

　　　　　　　　　　　　　　　　　　　⇕　成果と犠牲との対応

　　　　　　　　　　　　　　　　　　　売　　上　105　→　現　　金′ 105

金融活動：［現金 100 万円を貸し出し，返済期日となって 105 万円を受領しました。］

　　現　　金 100　→　貸 付 金 100　　　貸 付 金′ 105　→　現　　金′ 105

　　　　　　　　　　　　　　　　　　　　　　　　　時の経過による増価

ます[1]。会社がどのような活動にカネを投下したかによって回収のしかたには大きな違いが生じ，具体的には利益はどのように生じるかに着目すべきではないでしょうか[2]。

　第1部では「モノを仕入れて他者へ売り渡す」といった小売業の株式会社を軸として話が展開していきます。むろん，製造業やサービス業にも汎用性の高い普遍的な知識が得られることでしょう。まずは第1部の全体像を把握するために，1章を反復して読んでください。2章以降は，各種の営業活動について「企業の経済活動を表現する技法」としての正則的な仕訳を用いて論を進めている点も本書の特徴です[3]。正則的な仕訳は，一見するとややこしく感じるかもしれませんが，実は応用力に長けた「すぐれもの」です。

　この「すぐれもの」が力を発揮する場面は，とくに第2部に多くみられます。9章で金融収益の基本を概説したうえで，10章は満期保有目的の債券，11章は時価評価をおこなう有価証券へと展開していきます。12章以降には金融活動とはいえない論点も含まれていますが，9–11章での思考を活かしながら取り組んでみてください。

　各章の要点を確認するためには，第3部の練習問題編が有効です。いわゆる経理ソフトの利用に際しては「仕訳を入力すれば財務諸表が作成される」といった感覚かもしれませんが，「こういう仕訳だとおぼえる」よりも「どうしてこの仕訳となるのかをかんがえる」ことに重点を置いてください。決して多くはない問題量でも，十分な基礎力を定着させることができると期待されるからです。

　前著『ケースブック財務会計』のはしがきでも言及したように，筆者は，笠井昭次先生（慶應義塾大学名誉教授）に講義のなかで会計学研究のおもしろさを手解きしていただき，友岡賛先生（慶應義塾大学教授）から本質に立

---

[1]　会計の定義については，たとえば，友岡賛［2012］『会計学原理』税務経理協会，第 I 章を参照のこと。

[2]　本書が多くの点で依拠している企業資本等式学説では，図表 0–1 を「価値生産活動」と「資本貸与活動」とに峻別し，それぞれの活動からどのように利益が産み出されていくかが首尾一貫した論理のもとで展開されています（1章注8や9章注2に紹介した文献を参照のこと）。

[3]　ただし 6–7 章では，実践における簡便的な仕訳を用いて解説している箇所があります（3章注 22 を参照のこと）。

ii　　はしがき

ち返る姿勢を学んでいます。いまの筆者があるのは，三田の校舎でさまざまな話を聴き，それまでの「常識」を覆されるような衝撃を受け，それぞれの会計観に触れる機会があったためであり，感謝に堪えません。

　前著に引き続き，本書の刊行においても御園生晴彦氏（新世社取締役編集部長）による格別の支援を賜りました。本書はそもそも，「仕訳の考え方を身につけて，世界の見方が変わった」と実感させるようなテキストを……という同氏の提案から始まった企画です。谷口雅彦氏（新世社編集部）には校正の場面でお世話になりました。むろん，本書にあり得べき誤りは筆者の責任です。そして，気の向く儘に研究室で過ごさせてくれる妻からは「初学者の視点」での有益なコメントを数知れず……，どうもありがとう。

　2019 年 8 月，ようやくの梅雨明けを満喫する蝉の聲を背に受けて。

平野　智久

（付記）会計基準や各種法令などは，執筆時点のものを参照しました。改正された場合は，
　　　　新世社ウェブサイトの本書「サポート」ページで補足いたします。ご覧ください。
　　　　なお，第 2 刷に際して，加筆修正をおこないました。　　　　（2022 年 1 月）

目　次

第1部　基礎編（営業活動にまつわる会計）　1

1章　株式会社の1年間を鳥瞰しましょう　2

1.1　会計の前提とは ……………………………………………………………… 2

1.2　利益は計算によって求められます ……………………………………… 4

1.3　日常的な経済活動を記録します ………………………………………… 8

2章　まずは会社を立ち上げましょう　13

2.1　会社を設立します ……………………………………………………………… 13

2.2　金融機関に口座を開設します …………………………………………… 15

2.3　小切手を振り出します／受け取ります ……………………………… 16

3章　材料を加工して製品を作りましょう（製造業）　19

3.1　製品勘定への価値移転とは ……………………………………………… 19

3.2　製造原価明細書を作成します …………………………………………… 21

3.3　費用収益対応の原則とは ………………………………………………… 23

4章　商品を仕入れて販売しましょう（小売業）　26

4.1　商品売買に係るみっつの記録法とは ………………………………… 26

4.2　売上原価を算定します ……………………………………………………… 29

4.3　営業収益を認識します ……………………………………………………… 32

4.4　消費税の受払を考慮します ……………………………………………… 33

5章 **商品売買のすべてが現金取引とは限りません** 35

5.1 商品受入に係る債権債務とは ……………………………………… 35

5.2 商品払出に係る債権債務とは ……………………………………… 36

5.3 売上債権の貸倒に備えます ………………………………………… 39

5.4 受け取った約束手形のゆくえ ……………………………………… 41

6章 **従業員に給与を支払いましょう** 43

6.1 人件費も発生主義により認識します ……………………………… 43

6.2 給与からの「天引き」とは ………………………………………… 47

6.3 翌期に支払う従業員賞与を負債計上します ……………………… 49

7章 **各種の損益項目を現金収支にもとづいて処理します** 54

7.1 会食代金は「経費」とできるでしょうか ………………………… 54

7.2 店舗用に空き部屋を賃借します …………………………………… 55

7.3 固定資産の減価償却とは …………………………………………… 58

7.4 消耗品や郵便切手を購入します …………………………………… 60

7.5 その他の損益項目 …………………………………………………… 62

8章 **財務諸表を作成しましょう** 67

8.1 税引前当期純利益から法人税等を計算します …………………… 67

8.2 貸借対照表では企業の安定性が示されます ……………………… 69

8.3 損益計算書（報告式）では段階別の利益が示されます ……… 73

8.4 キャッシュ・フロー計算書では活動別の
現金収支が示されます ……………………………………………… 75

8.5 財務諸表の分析をおこないます …………………………………… 78

第 2 部　応用編（金融活動にまつわる会計）　81

9章　資金を貸し出して利息を獲得しましょう　82

9.1　営業収益と金融収益との相違 ……………………………………… 82

9.2　将来の期待収入額を現在価値に割り引きます ……………… 84

9.3　投資と引き換えに有価証券を取得します ………………………… 86

9.4　資金を貸し付けて約束手形を受け取りました …………… 87

10章　債券を満期まで保有しましょう　91

10.1　債券にまつわるふたつの利率とは ………………………… 91

10.2　満期保有を目的として割引債を取得しました ………… 93

10.3　満期保有を目的として利付債を取得しました ………… 94

10.4　債券価値が著しく下落しました ………………………………… 97

11章　有価証券の時価評価をかんがえましょう　100

11.1　株式価値とは ……………………………………………………… 100

11.2　市場で流通している株式を取得しました ……………… 102

11.3　売買目的有価証券とは ………………………………………… 105

11.4　その他有価証券とは …………………………………………… 107

11.5　配当金を受領しました ………………………………………… 110

12章　資金調達を見直しましょう　115

12.1　株主還元をおこないました ………………………………… 115

12.2　投資者に債券を発行しました ……………………………… 120

12.3　新株予約権を発行しました ………………………………… 121

12.4　追加の資本を調達しました ………………………………… 124

13章 将来キャッシュ・フローの思考を 設備投資に活用しましょう　127

13.1　機械装置のリース契約を締結しました ……………… 127

13.2　使用中の機械装置の価値が著しく下落しました ……… 129

13.3　工場の建設を始めました ………………………………… 132

13.4　工場には使用終了後の除去義務がありました ………… 133

14章 企業結合をおこないましょう　138

14.1　吸収合併とは ……………………………………………… 138

14.2　株式交換とは ……………………………………………… 142

14.3　子会社化とは ……………………………………………… 146

14.4　のれんの会計処理 ………………………………………… 150

14.5　持分法とは ………………………………………………… 153

第3部　練習問題編　155

索　引　200

■第1部　基礎編■
（営業活動にまつわる会計）

1章
株式会社の1年間を鳥瞰しましょう

■1.1 会計の前提とは

　時は 20X1 年 1 月 1 日。久しぶりに実家へ帰省した主人公は，昨冬に近所の百貨店が廃業したことを耳にします。一年の計は元旦にあり……一念発起した主人公は，趣旨に賛同した仲間 3 名とともに地場産品を取り扱う小売店の開業を決めて，20X1 年 4 月 1 日付で A 株式会社（以下，A 社ともいう）を設立しました。主人公を含む 3 名は現金 1,000 千円を，残る 1 名は 1,000 千円分の土地を拠出しています（**図表 1-1**）。

　会社の財務状況は，常にふたつの面から捉えられます。はじめに，会社は誰からカネを得ているかという［調達源泉］を意識しましょう。株主から調達したカネを「資本」といい，**図表 1-1** では「資本金 4,000 千円」として示されています。このほかに金融機関などから借入をおこなった場合には，将来にカネを支払って弁済する義務としての「負債」を，やはり［調達源泉］に加えます。

　つづいて，調達したカネをどのように使っているかという［運用形態］に着目します。会社を設立したばかりの**図表 1-1** では，「現金 3,000 千円および土地 1,000 千円」という「資産」の形態です。ひとこと「資産」といってもさまざまですが，(a) 会社が支配している，(b) 将来に価値を生み出すと期待される，といった特徴をまずはおさえましょう。なお，土地には「坪」「ha」などの単位もありますが，会計学（財務会計）では「貨幣的測定の公準」にもとづいて「円」に換算することで，種々の財産を加減算できるように

2　　1章　株式会社の1年間を鳥瞰しましょう

● 図表 1-1　20X1 年 4 月 1 日時点での A 社の財務状況と株主個人の拠出額

しています[1]。

　経済活動をおこなうにつれて会社の財産は徐々に増えていくことが期待されます。会社の財産が増えていく過程を「利益（＝もうけ）が生じた」といいます。利益を追求した経済活動の結果，ときには会社の財産を目減りさせてしまうこともあるでしょう。そういった「損失」が相当に膨らんでしまったとしても，現行の法制度においては株主が各自の拠出額を超えて責任を負うことはありません[2]。会計学における「会社の財産と株主個人の財産とは峻別する」といった考え方を「企業実体の公準」といいます[3]。

　話は変わりますが，期間限定の「夏祭り屋台」を想像してください。70 万円を元手に必要な物資を揃えて順調に経済活動をおこない，秋になったので店仕舞いしてすべてを換金したところ 110 万円が手許に残りました。この場合には増えた 40 万円が利益となります。これに対して，今日の多くの企業には「終わり」が予定されていません[4]。他社から吸収合併されたなどの理由で「終わり」を迎

---

[1] コーラ飲料について「缶 1 本とペットボトル 1 本とで，合わせて 2 本」といわれてもピンときません。たとえば「缶は 350ml，ペットボトルは 500ml，合計 850ml」のように容量に換算することで，加算した数値に（とりあえずは）意味を持たせることができるでしょう。

[2] これを「株主有限責任の原則」といいます。

[3] 誰のどのような立場から会計をおこなうか，という会計主体論が学界では取り上げられます。たとえば，友岡賛［2012］『会計学原理』税務経理協会，109–117 頁を参照のこと。

[4] たとえば，友岡賛［2018］『会計の歴史（改訂版）』税務経理協会，94–117 頁。

1.1　会計の前提とは　　3

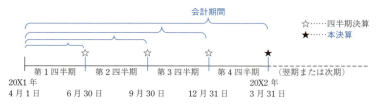

● 図表 1-2 継続企業と会計期間（3月決算の場合）

えることもありますが[5]，将来にわたり継続して経済活動をおこなう「継続企業の公準(けいぞくきぎょうのこうじゅん)」の考え方が前提とされています（図表 1-2）。

A社を設立した 20X1 年 4 月 1 日を期首とした場合，6 月 30 日を第 1 四半期末，9 月 30 日を第 2 四半期末，12 月 31 日を第 3 四半期末，20X2 年 3 月 31 日を年度末，といいます。それぞれの会計期間が満了してからおこなう決算では，(a) 期首から期末までにどれだけの利益が生じたか，(b) 期末にどれだけの財産を保有していたか，を明らかにします。経済活動は続けたまま利益を計算するわけですから，叙上の「夏祭り屋台」のようにすべてを換金（清算）したうえで手許現金の増分を勘定することはできません。

☞ 「継続企業の公準」は，ゴーイング・コンサーン（Going Concern）ともいいます。どのような事象又は状況が，この前提に重要な疑義を生じさせるでしょうか。

■1.2 利益は計算によって求められます

小売業を営むA社における営業活動を想像してみると，卸売業者と消費者（顧客）とを仲介する商品売買，およびそれに付随する労働力の確保や設備の使用，諸経費の支払などが挙げられるでしょう。これらの経済活動を日々積み重ねていくことで，企業は徐々に成長していくことが期待されています。会計期間をつうじて徐々に発生

---

[5] 吸収合併については，14.1 を参照のこと。

4　1章　株式会社の1年間を鳥瞰しましょう

する経済活動の成果を「収益」といい，この成果を得るために要した犠牲を「費用」といいます。

「収益」の具体例として，商品の販売による「売上」や土地の賃貸による「受取地代」などが挙げられます。ここでは，これらの「収益」も［調達源泉］の一部である，という点を強調しておきましょう。なぜならば，そこで得た資金はふたたび何らかの財産として運用されていくからです。反対に，販売した商品の原価である「売上原価」や従業員に支払う「給与」など，成果を得るために要した犠牲である「費用」は，運用していた財産の費消により発生する，という考え方にもとづいて［運用形態］の一部を構成することとなります[6]。

さて，「現金」「資本金」「売上」「給与」といった会計上の記録単位を「勘定」といいます。A社におけるさまざまな経済活動を，勘定科目ごとにその増加（減少）や発生（取消）を記録していきます（図表1-9）。20X2年3月31日時点での各勘定を集約した「総勘定合計表」をみてください（図表1-3）。細かな金額や項目は次章以降で学びますのでここでは扠措き，総勘定合計表の左側［運用形態］と右側［調達源泉］とがいずれも合計16,696千円で表裏一体の関係にあること，上側（資産，負債，資本）は「時点」の金額に対して下側（収益，費用）は「期間」の金額であること，に着目してください[7]。

日常的な経済活動の記録を集約して作成される総勘定合計表からは［資産＋費用＝負債＋資本＋収益］といった等式が導かれます[8]。ここには「利益」の文字が見当たりません。

たとえば「消費者に商品を100円で販売する」という経済活動は

---

[6] 資産と費用とが［運用形態］を構成し，負債と資本と収益とが［調達源泉］を構成するという解釈の原形は，山桝忠恕［1983］『複式簿記原理（新訂版）』千倉書房，34-37頁を参照のこと。

[7] ある期間の終点が「時点」であると捉えれば，上側（資産，負債，資本）も「期間（の結果）」と解されるでしょう（図表1-5）。なお，「総勘定合計表」という名称およびその可能性については，笠井昭次［2013］「会計の機能の再構成」『三田商学研究』56(2)，10-14頁を参照のこと。

[8] この等式を徹底的に追究した企業資本等式の論理については，笠井昭次［2005］『現代会計論』慶應義塾大学出版会，109-124頁。また，他の学説との比較は，石川純治［2015］『複式簿記のサイエンス（増補改訂版）』税務経理協会，14-15章を参照のこと。

1.2　利益は計算によって求められます　　5

● **図表 1-3　20X2 年 3 月 31 日時点での A 社の総勘定合計表**

（20X2 年 3 月 31 日時点での総勘定合計表）

	［　運　用　形　態　］		［　調　達　源　泉　］		
20X2/3/31 （時点） **資産**	現　　金	600,000	買　掛　金	700,000	**負債** 20X2/3/31 （時点）
	売　掛　金	400,000	その他負債	1,576,000	
	商　　品	537,000	資　本　金	4,000,000	
	土　　地	1,000,000			**資本**
	その他資産	3,963,000			
20X1/4/1 〜 20X2/3/31 （期間） **費用**	売 上 原 価	4,003,000	売　　上	10,000,000	**収益** 20X1/4/1 〜 20X2/3/31 （期間）
	給　　与	2,800,000	受 取 地 代	420,000	
	水道光熱費	1,161,000			
	その他費用	2,232,000			
	合計	16,696,000	合計	16,696,000	

ひとつの重要な取引ですが，その収益 100 円と（a）その商品を仕入れるためにいくら支払ったか，（b）その商品の販売に係る人件費や設備の経費はいくらか，といった費用との差額計算をおこなわなければ，いくらの利益が生じたかを判断することはできません。とはいえ，商品ひとつひとつに煩雑な差額計算をおこなうわけにもいきませんので，会計期間をつうじた収益合計から費用合計を差し引いて計算します。たとえば図表 1-3 では，［期間収益 10,420 千円 − 期間費用 10,196 千円 = 当期純利益 224 千円］となり，￢に左右の不均衡（ズレ）として示されています。

これは裏を返せば，20X2 年 3 月 31 日時点での株主資本としても示されることが想像できるでしょう。図表 1-3 の上側（資産，負債，資本）に着目すると［期末資産 6,500 千円 = 期末負債 2,276 千円 + 期末資本 X 千円］となるはずです。期末資本 X（= 4,224 千円）と資本金 4,000 千円（元手）との関係を検討してみましょう（図表 1-4）。

20X2 年 3 月 31 日時点での総勘定合計表（図表 1-3）を上下に分離させると，図表 1-4 のようになるでしょう。このうち，20X1 年 4 月 1 日から 20X2 年 3 月 31 日までの一会計期間の経営成績は「損益計算書」で表されます。期間収益から期間費用を差し引いた結果として算定される当期純利益 224 千円が費用の側に現れること

6　1 章　株式会社の 1 年間を鳥瞰しましょう

● **図表 1-4　損益計算書と貸借対照表**

［期首の貸借対照表］
（20X1 年 4 月 1 日時点での財政状態）

現　　金	3,000,000	資本金	4,000,000
土　　地	1,000,000		
合計	4,000,000	合計	4,000,000

［期末の貸借対照表］
（20X2 年 3 月 31 日時点での財政状態）

現　　　金	600,000	買　掛　金	700,000
売　掛　金	400,000	その他負債	1,576,000
商　　　品	537,000	資　本　金	4,000,000
土　　　地	1,000,000	繰越利益	224,000
その他資産	3,963,000	剰　余　金	
合計	6,500,000	合計	6,500,000

［損益計算書］
（20X1 年 4 月 1 日から 20X2 年 3 月 31 日までの経営成績）

売　上　原　価	4,003,000	売　上　高[*1]	10,000,000
給　　　　　与	2,800,000	受　取　地　代	420,000
水　道　光　熱　費	1,161,000		
そ　の　他　費　用	2,232,000		
当　期　純　利　益	224,000		
合計	*10,420,000*	合計	10,420,000

真のクリーン・サープラス関係[*2]

(*1) 日常的には「売上」と記録しても，損益計算書では「売上高」として示されます（図表 8-7）。
(*2) 現行制度では，「形式的なクリーン・サープラス関係」という連繋もみられます（図表 11-9）。

に違和感があるかもしれません。実のところ，期間費用と当期純利益とを足し算することには何の意味もありません[9]。図表 1-4 を注意深く読み取れば，期間収益および期間費用はそれぞれ黒枠の長方形で示されている一方で，当期純利益にはその黒枠がないことに気づくでしょう。差額計算によって初めて現れる当期純利益には，左右が均衡していないときに「少ない側にあといくらあれば左右がつりあうか」という考え方が如実に表れています。

　一会計期間の経営成績を示す損益計算書から，- - - - ▶ がもうひとつの財務表である「貸借対照表」へ延びています。貸借対照表は一定時点における財政状態を示します。図表 1-4 をみれば資本金 4,000 千円（元手）と繰越利益剰余金 224 千円（果実）とが期末資本 4,224 千円を構成しており，当期純利益は新たな元手（株主資本）として翌期以降の経済活動に貢献します。このように，会計期間における株主資本が増加した分と当期純利益とが等しい「ク

---

[9]　図表 1-4 の損益計算書で，左側の「合計 10,420,000」を斜字体にした所以です。

1.2　利益は計算によって求められます　**7**

リーン・サープラス関係」が成り立っている状況では、［期間収益－期間費用］および［期末資本－期首資本］のふたつの方法により当期純利益を計算できます。

☞ 「期首と期末の貸借対照表があれば利益の計算はできるのだから、損益計算書は作らなくとも（見なくとも）大丈夫」という意見の妥当性について、論評しましょう。

■1.3 日常的な経済活動を記録します

継続企業における利益の計算は、人為的に期間を区切ることで可能となりました。逆にいえば、会計期間の中途にあっては、経済活動を逐一記録しておく必要があります。20X1 年 4 月 1 日から 20X2 年 3 月 31 日までの会計期間をつうじた各勘定の増減は、**図表 1–5** のように集約されます。日常的な記録の「結果」を示した青色部分が、20X2 年 3 月 31 日時点での「総勘定合計表」として示されることを改めて確認してください（**図表 1–3**）。

なお、これまで「左側」「右側」の用語をもって説明を進めてきましたが、本書では以下、左側は「借方（かりかた）」、右側は「貸方（かしかた）」の用語で統一します[10]。

たとえば、［運用形態］のひとつであった「現金」という資産を取り上げましょう。**図表 1–1** でみたように、20X1 年 4 月 1 日付で 3,000 千円が拠出されました。その後には、諸経費の支払に充てられる一方で、商品の販売による入金もあるでしょう。すなわち、会計期間をつうじて増加したり減少したりを日常的に繰り返した結果として、20X2 年 3 月 31 日に 600 千円が残ったと推定されます。

以上について、「勘定形式」によって示しておきましょう（**図表 1–6**）。20X1 年度における現金収入を現金勘定の借方に、現金支出を現金勘定の貸方に揃えて記入していきます。すると、［現金収入

---

[10]　「借方」「貸方」という用語がもつ元来の意味については、山桝忠恕［1983］『複式簿記原理（新訂版）』千倉書房、20–23 頁を参照のこと。

8　1 章　株式会社の 1 年間を鳥瞰しましょう

● 図表 1-5　20X1 年度における経済活動の記録およびその結果

	(結果)	(日常的な記録)		(日常的な記録)	(結果)
→ 図表 1-6	600,000	4,900,000	現　　　金	4,300,000	
	400,000	7,100,000	売　掛　金	6,700,000	
	537,000	4,600,000	商　　　品	4,063,000	
	1,000,000	1,000,000	土　　　地	1,000,000	
	3,963,000	13,763,000	その他資産	9,800,000	
		3,000,000	買　掛　金	3,700,000	700,000
		830,000	その他負債	2,406,000	1,576,000
			資　本　金	4,000,000	4,000,000
			売　　　上	10,000,000	10,000,000
			受 取 地 代	420,000	420,000
	4,003,000	4,003,000	売 上 原 価		
	2,800,000	2,800,000	給　　　与		
	1,161,000	1,161,000	水道光熱費		
	2,232,000	2,477,000	その他費用	245,000	
	16,696,000	45,634,000	合　　　計	45,634,000	16,696,000

● 図表 1-6　20X1 年度における現金収支の内訳

借方 (収入)		現　金		(支出) 貸方	
期首	株主からの拠出	3,000,000	(1)	創立費を支払	300,000
(4)	商品を販売	1,900,000	(2)	当座預金口座へ預入	1,700,000
			(3)	商品を仕入	900,000
			(5)	普通預金口座へ預入	1,000,000
			(6)	所得税を納付	250,000
			(7)	会食代金を支払	80,000
			(8)	切手や収入印紙を購入	50,000
			(9)	実際有高に簿価を修正	20,000
			期末	20X2 年度へ繰越	600,000
	合計	4,900,000		合計	4,900,000

→ 図表 1-5

額（借方）≧ 現金支出額（貸方）] の関係が会計期間をつうじて常に成り立っているでしょう。「ない袖は振れぬ」といわれるように，不等号がひっくり返ることはありません（**図表 1-7**）。このことは，現金勘定だけでなく資産項目のすべての勘定にあてはまります。すなわち，

現金に代表される資産項目：

[資産の増加（借方）≧ 資産の減少（貸方）]

という関係が成り立ちます。さらに，同じく［運用形態］である費用項目についても，

1.3　日常的な経済活動を記録します　9

● 図表 1-7　現金勘定と総勘定合計表との関係

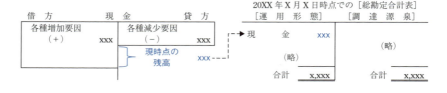

売上原価に代表される費用項目：

［費用の発生（借方）≧ 費用の取消（貸方）］

といった関係が成り立ちます。一方で，［調達源泉］である負債項目，資本項目，収益項目については以下のようになります。

買掛金に代表される負債項目：

［負債の減少（借方）≦ 負債の増加（貸方）］

資本金に代表される資本項目：

［資本の減少（借方）≦ 資本の増加（貸方）］

売上に代表される収益項目：

［収益の取消（借方）≦ 収益の発生（貸方）］

それぞれ，不等号の向きが［運用形態］とは逆になっている点に留意してください。

以上より，20XX 年 X 月 X 日時点での総勘定合計表は，時点 3 要素（資産，負債，資本）の増加ないし減少，および期間 2 要素（収益，費用）の発生ないし取消，すなわち「取引 10 要素」によって定まることがわかります（図表 1-8）[11]。

以下の各章では，主人公が経営する A 社におけるすべての経済活動について，取引 10 要素の結合関係によって説明を進めていきま

---

[11] 実際の貸借対照表においては「純資産の部」という区分が設けられており，株主資本とそれ以外とを区別しています（図表 8-5）。本書の第 1 部基礎編では便宜上，20X1 年 4 月 1 日付で株主から 4,000 千円の拠出がなされた，という経済活動のみを取り上げています（図表 1-1；図表 2-1）。

● 図表 1-8 取引 10 要素と総勘定合計表との関係

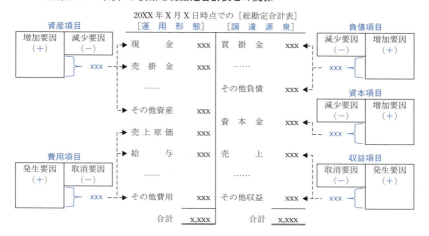

● 図表 1-9 取引 10 要素の結合関係

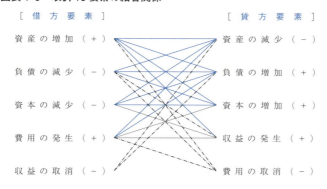

す。具体的には、取引 10 要素のうち借方要素からひとつ以上，貸方要素からもひとつ以上を選ぶ「複式」という方法により、企業の経済活動を記録します（図表 1-9）。結合関係のうち，────（実線）で示した組み合わせは高い頻度で登場します。------（一点鎖線）で示した組み合わせは，実線の組み合わせに慣れてくると容易に理解できます。………（点線）の組み合わせも実践においてたびたび登場しますが，とりあえずは抛措きましょう[12]。

1.3 日常的な経済活動を記録します　　11

企業の経済活動は千差万別ですので，155 頁に列挙したような勘定科目を暗記する必要はありません。ひとつひとつの経済活動が叙上の「取引 10 要素」のいずれに該当するか，どのような勘定科目であれば適切に表現できるか，を検討するほうが有用でしょう。

☞　図表 1-6 の（1）から（9）について，それぞれどのような「取引 10 要素」の組み合わせによって説明できるでしょうか。
※　図表 1-6 における取引の結果が，図表 1-4 の貸借対照表で「現金 600 千円」と示されています。

---

12)　点線の組み合わせについて具体例を示しておきますが，いささか複雑な説明を必要とします。なお，資本と純資産との相違については，図表 11-9 を参照のこと。
［（借）費用の発生 xxx（貸）純資産の増加 xxx］
　　　　……ストック・オプションを付与した従業員が，一定期間の勤務をおこなった。
［（借）純資産の減少 xxx（貸）収益の発生 xxx］
　　　　……発行した新株予約権について，権利行使期間が経過したので失効した。
［（借）費用の発生 xxx（貸）収益の発生 xxx］
　　　　……当社の発行したクーポン券が行使されたので，商品を無償で提供した。
　本書では，これらについても合理的な説明が可能であることを少しずつ解き明かしていきます。

2章
まずは会社を立ち上げましょう

■2.1 会社を設立します

　会社の設立によって，会社が当事者となって商品を仕入れて販売したり，従業員に給与を支払ったり，土地を賃貸したり，といった経済活動ができるようになります（これを「法人格を有する」といいます）。企業の経済活動はすべて「取引10要素」の結合関係によって説明されますが（**図表1-9**），A社を設立した**図表1-1**の取引を例にかんがえてみましょう（**図表2-1**）。

　図表2-1の借方要素は現金（という［資産の増加］）3,000千円および土地（という［資産の増加］）1,000千円，貸方要素は資本金（という［資本の増加］）4,000千円，といったように分解できますが，これが「仕訳」です。［①取引を把握→②仕訳帳へ記入→③総勘定元帳へ転記→④試算表の作成→⑤財務諸表を作成］といった一連の手続はいわゆる経理ソフトを用いれば瞬間的になされるからこそ，はじめにヒトが手入力する仕訳は的確に理解する必要があるでしょう。本書では以下，財務諸表を作成するための手段を超えて，企業の経済活動を表現する技法としての「正則的な仕訳」を前面に押し出して説明を進めていきます[13]。

　さて，会社を設立するといっても幾つかの準備が必要となります。主だった事項として，会社の目的や商号などを記載した「定款」を公証役場で認証してもらう手続が必要となります。会社設立の登記

---

[13]　正則的な仕訳を検討することが，研究の面でも教育の面でも有用と感じています。もちろん，本書の理解が各種試験に出題される（一般的な）仕訳と異なる場合にはその理由も示しています。

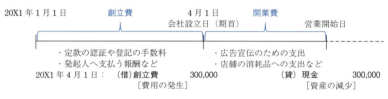

には資本金額に応じた登録免許税がかかります。準備作業をおこなう発起人（図表1-1の場合は，主人公を含む4名）への報酬も必要となります。以上のように，会社設立までに要したカネを総称して「創立費(そうりつひ)」といいます。A社の設立のために300千円を支出していた，という取引の仕訳をかんがえましょう（図表2-2）。

会社を設立するまでに要したカネは，発起人が支払っています。会社が将来にわたって経済活動をおこなうために発起人が立て替えたとみれば，原則的には会社が負担すべき営業外費用として処理されます[14]。一方で，会社を設立した後に必要となる広告宣伝や店舗の消耗品など，営業開始までに要したカネは「開業費(かいぎょうひ)」として創立費とは区別されます。

> 創立費は極論すれば，会社の「終わり」まで支出の効果が及ぶといえるでしょうか。
> ※ 「継続企業の公準」との兼ね合いから，検討してみましょう。

---

[14] 創立費や開業費を支出した効果が将来にわたって及ぶならば，「繰延資産」として5年以内に償却することも認められています（平野智久［2018］『ケースブック財務会計』新世社，165-166頁）。

■2.2　金融機関に口座を開設します

　すべての経済活動を現金の授受によっておこなう企業は僅かです。レジスターに最低限の現金を用意しておき，その他は金融機関に預け入れておくほうが防犯の観点から望ましいことは言わずもがな，そもそも現金での取引は煩雑であり，出納そのものや記録の誤りを誘発することにもなりかねません。

　20X1 年 4 月 3 日に B 銀行第一支店で当座預金口座を開設して1,700 千円を預け入れた，同年 5 月 1 日に普通預金口座を開設して現金 1,000 千円を預け入れた，という取引の仕訳をかんがえましょう（図表 2–3）。

　預金口座を開設して入金すると，手許の現金は減少します。預金残高と手許現金との合計金額は変わらなくとも，［運用形態］が変化した旨を記録する必要があるでしょう。

　普通預金口座には通帳が用意され，時の経過とともに利息が付くなど，個人が開設する場合と同じように理解できます（設例 7–9）。他方，当座預金口座については利息が付かないかわりに預け入れた全額が保護されたり，金融機関へ赴かずに小切手を振り出すことによって代金を決済できたり，といった実践上の利点が挙げられます。

☞　当座預金口座から普通預金口座へ 500 千円を振り替えたときの仕訳を検討しましょう。

● 図表 2–3　預金口座を開設した仕訳

20X1 年 4 月 3 日：	（借）当座預金　1,700,000 ［資産の増加］	（貸）現金　1,700,000 ［資産の減少］	
20X1 年 5 月 1 日：	（借）普通預金　1,000,000 ［資産の増加］	（貸）現金　1,000,000 ［資産の減少］	

2.2　金融機関に口座を開設します　**15**

2.3 小切手を振り出します／受け取ります

20X1年4月5日にM株式会社から備品600千円を譲り受け，A社は小切手を振り出して代金を支払った，という取引の仕訳をかんがえましょう（図表2-4）。

厳密には，渡し先（M社）が取引銀行ないしB銀行へ当該小切手を呈示するまでは，A社の当座預金口座から引き落とされることはありません（図表2-5）。ただしM社がどの時点で呈示するかを，A社は知り得ません。そこで便宜的に，A社は，小切手を振り出した時点（4月5日）で当座預金勘定を600千円減少させます。

ところで，備品を譲り渡して小切手を受領したM社の仕訳は次のとおりです。

20X1年4月5日：　　（借）現金　　　600,000　　　　（貸）備品　　　600,000
　　　　　　　　　　　　　［資産の増加］　　　　　　　　　　　［資産の減少］

● 図表2-4　小切手の例

20X1年4月5日：　　（借）備品　　　600,000　　　　（貸）当座預金　　600,000
　　　　　　　　　　　　　［資産の増加］　　　　　　　　　　　［資産の減少］

● 図表2-5　小切手の流通

M 社は 4 月 5 日に，A 社が振り出した小切手（他人振出小切手）を受領しています。小切手そのものは紙切れに過ぎませんが，金融機関へ呈示することによって現金へ換えることができます。したがって，他人振出小切手を受領した時点（4 月 5 日）で，現金勘定を増加させます 15) 16)。もっとも，M 社が取引のある N 銀行へ呈示し，手形交換所に持ち出され，B 銀行との間で無事に決済されるまでには数日を要します。やはり，会計上の記録と預金残高とには一時的なズレが生じます。

　すぐに支払手段となり得るカネを示すという観点から，貸借対照表上の「現金及び預金」には満期が 1 年を超える定期預金などは含まれません（図表 2-6）。キャッシュ・フロー計算書における「現金及び現金同等物」の概念とも若干のズレがある点に留意してください 17)。

　なお，一般的に「金融資産」といえば，現金，売掛金や受取手形（販売した商品に係る売上債権），貸付金や有価証券（余剰資金の運用形態）ならびにデリバティブ取引により生じる正味の債権などを指します 18)。このうち現金及び預金は支払手段としての役割をもつほか，商品や有価証券などに投下することによって「価値の増加」が期待されます。逆にいえば，現金及び預金をそのまま寝かせていても「価値の増加」を期待することはできません。「金融資産」と十把ひとからげにはせずに，「現金及び預金」だけは峻別して理解

---

15) 受領した小切手を金融機関へ呈示せずに，第三者への支払手段として活用することもできます。この場合には「硬貨や紙幣により代金を支払った」と同様に，現金の減少として処理します。
　なお，図表 2-4 に示した小切手（厳密には，全国銀行協会が定めた統一小切手用紙の様式を参照のこと）には二重線と BANK の文字が入っており，「一般線引小切手」と呼ばれます。この場合，金融機関は小切手の持参人に直接は現金を渡さず，素性の知れた預金口座にのみ入金します。小切手の盗難などが起きたとしても，送金先を追跡できるという実践上の工夫です。

16) 例外的に「振出日」を将来に設定した先日付小切手については，相手方との「（将来の）振出日まで呈示しない」といった信頼にもとづいて振り出されるはずですが，法律上は金融機関に呈示された日に支払うべきものとされています（小切手法 28 条 2 項）。したがって，先日付小切手を受領した相手方は「約束手形」に準じて取り扱うことが望ましいものの（5.4 を参照のこと），振り出した側では当座預金の減少として即時に処理すべきです。

17) キャッシュ・フロー計算書については，図表 8-8 を参照のこと。

18) ASBJ [2008]「金融商品に関する会計基準」4 項。

2.3　小切手を振り出します／受け取ります　　**17**

● 図表 2-6 「現金及び預金」と「現金及び現金同等物」との関係（例）

現金及び預金（流動資産）	1,050 ←——→	長期性預金 40
−）預金期間が 3 ヵ月を超える定期預金	60	（投資その他の資産）
＋）有価証券に含まれる現金同等物	130	
＝ 現金及び現金同等物	1,120	

……手許預金，要求払預金及び取得日から 3 ヵ月以内に満期の到来する流動性が高く，容易に換金可能であり，かつ，価値の変動について僅少なリスクしか負わない短期的な投資からなっています。

すべきでしょう[19]。

☞　小切手を振り出したときは当座預金勘定を減少させる一方で，他人が振り出した小切手を受領したときには現金勘定を増加させます。この理由を検討しましょう。

---

[19]　本書が多くを負っている企業資本等式学説（1 章注 8 も参照のこと）において，現金は万能性および即時性を満たした「待機分」と定義されます（笠井昭次［2005］『現代会計論』慶應義塾大学出版会，111 頁）。

3章 材料を加工して製品を作りましょう（製造業）

■3.1 製品勘定への価値移転とは

　製造業でおこなわれる仕訳には，後述する「発生主義」や「費用収益対応の原則」と呼ばれる思考が如実にみてとれます。主人公の営むA社のような小売業にも普遍的な考え方ですので，早めに理解しておきたいところです。本章では木工家具を製造し販売するW社を例に，材料が工程を経て製品に変わっていく様子をみていきましょう。

　W社の経済活動は，（1）材料となる木を仕入れる，（2）机や箪笥などの製品に加工する，（3）製品を販売する，と大別できます。このうち工程（2）においては，（a）どれほどの品質の木をどのくらい費消したか（材料費），（b）材料を加工する従業員にかかった人件費はいくらか（労務費），（c）機械設備の維持費や水道光熱費などはいくらか（経費），のような形態別分類によって把握される「製造原価」が積み上がります。販売単価の値上げは容易でないことから，製造業各社は利益を捻出すべく原価低減に挑んでいます。

　W社では顧客の注文へ適時に対応できるよう，一定数量の材料や製品を「在庫」として手許に置いていたとしましょう。20X5年度（20X6年3月期）における製造原価をまとめた**図表3-1**をみてください。なお，本章では通貨単位を省略します。

　まずは材料に着目して，**図表1-7**のような勘定形式で示してみましょう（**図表3-2**）。「材料の当期仕入高が200ならば，材料費も200である」と早合点してはなりません。W社にとって「材料」は

19

● 図表 3–1　木材加工業を営む W 社の 20X5 年度における製造原価

	実際額の内訳		備考
材料	期首棚卸高 70，当期仕入高 200，期末棚卸高 80		
労務費	賃金給料 460，その他 50	合計 510	未払額などはありません。
経費	減価償却費 100，水道光熱費 302，その他 367	合計 769	予定配賦額 750 を用います。
仕掛品	期首棚卸高 180，期末棚卸高 130		
製品	期首棚卸高 310，期末棚卸高 430		

棚卸　……週末や月末などに倉庫や工場を点検して，実際有高を数えたり計ったりします。
予定配賦……製造原価を迅速に計算するために，製造間接費予算にもとづいた配賦率を用います。
仕掛品　……加工中の段階を表す勘定であり，外部に販売できるものは「半製品」ともいいます。

● 図表 3–2　材料勘定と総勘定合計表との関係

（借）	材料		（貸）
期首棚卸高	70	当期費消分　xxx	
当期仕入高	200	期末棚卸高　80	
	合計 270	合計　270	

20X6 年 3 月 31 日時点での ［総勘定合計表］

材　料	80		
（略）		（略）	
合計	x,xxx	合計	x,xxx

　資産ですので，期首棚卸高 70 や当期仕入高 200 は増加要因として借方要素（合計 270）となります。これに対して，貸方に示される主たる減少要因は加工を経て製品に変わっていく「当期費消分」です。斜字体の 270 から期末棚卸高 80 を差し引いて「当期費消分 190」と逆算できるでしょう。このとき，材料を費消したことで材料費 190 が発生しています。これを一般化した「資産の費消により費用を認識する」という考え方を発生主義といいます。

　叙上の材料費 190 と同じように，図表 3–1 に挙げられた労務費や経費についても勘定形式で示すことができます。仕掛品勘定を経由して完成した部分が製品勘定へ振り替えられていく価値移転の様子を追ってみましょう（図表 3–3）[20]。

　労務費については未払額がなかったという前提のために借方要素の 510 がそのまま投下されます。経費は実際発生額 769 ではなく，計算の迅速化などを理由として予定配賦額 750 を用います。以上より，［材料費 190 ＋労務費 510 ＋経費 750 ＝当期総製造費用 1,450］

[20]　経費の内訳項目である「減価償却費」については，7.3 を参照のこと。

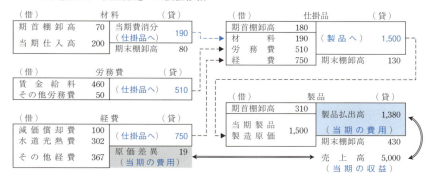

● 図表 3-3　製品勘定への価値移転

が仕掛品勘定（資産）へ振り替えられていることを確認してください。

仕掛品勘定の借方要素には期首棚卸高 180 と当期総製造費用 1,450 とが記録され，貸方要素の期末棚卸高 130 を勘案すると，当期中に完成した製品の製造原価は 1,500 と逆算されます。当期製品製造原価 1,500 は製品勘定（資産）へ振り替えられ，やはり期首棚卸高および期末棚卸高を加減算することで製品払出高 1,380 が算定されます。以上のような価値移転を経て，最終的に算定された製品払出高 1,380 および経費に係る原価差異 19 との合計 1,399 が期間費用として損益計算に算入されます（図表 3-4）。

☞　材料費 190 と材料の当期仕入高 200 との相違点について，検討しましょう。

■3.2　製造原価明細書を作成します

図表 3-3 では勘定形式によって視覚的に価値移転を捉えましたが，W 社における経済活動の全体像をみっつの財務表（貸借対照表，損益計算書および製造原価明細書）により概観しましょう。このうち

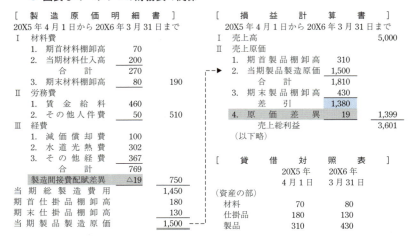

製造業に特有の「製造原価明細書」では当期製品製造原価の内訳が材料費，労務費および経費に区分して示されます（図表3-4）[21]。

図表3-3において灰色で示された原価差異19および青色で示された製品払出高1,380が，図表3-4の損益計算書において売上原価1,399として開示されています。売上原価は売上高を稼ぐために費やした犠牲を指しますので，まさに費用と収益とが直接的に対応している典型例となります。費用収益対応の原則といわれる関係だからこそ，期間収益（売上高5,000）から期間費用（売上原価1,399）を差し引いて売上総利益3,601を算定する意義を見出せるでしょう。

☞ 当期製品製造原価1,500のほかに，みっつの財務表のつながりを見つけましょう。
※ 棚卸資産（材料，仕掛品，製品）の期末（期首）有高は，それぞれ2箇所にみられます。

---

[21] 2014年3月に改正された「財務諸表等の用語，様式及び作成方法に関する規則」により，連結財務諸表においてセグメント情報を注記開示する企業は，製造原価明細書を損益計算書に添付する必要がなくなりました。とはいえ，(a) 製造業各社にあっては原価計算が必ずおこなわれていること，(b) 損益計算書ないし貸借対照表とは相即不離の関係にあること，を理由として本書では取り上げています。

■3.3　費用収益対応の原則とは

　とりわけ材料費を題材として，「価値移転」について仕訳によっ
て示してみましょう。まずは一般的な仕訳例から学びます（**図表
3-5**）。

　図表3-3 の----▶をみると，材料の「当期費消分190」は材料勘
定から仕掛品勘定へ振り替えられており，**図表3-5** の仕訳例に納得
できる読者は少なくないでしょう。しかしながら，「加工」という
経済活動を忠実に表現しようとするならば，材料と仕掛品とを
物々交換した，というような（2）の仕訳には改善の余地がありそ
うです。そこで，（2-1）材料を費消した，（2-2）仕掛品に価値移転
した，のふたつに分解してみましょう（**図表3-6**）。

　材料費190は発生主義の考え方によって認識されますが，これは
製造業各社にとって「成果を獲得するために要した犠牲」ではあり
ません。実のところ，材料が仕掛品に転化し，さらに机や箪笥が完
成するまでの間，W社の内部では［運用形態］が変化しているだけ
であって，材料費は「製造原価」を構成するに過ぎません。この点
は材料費に限らず，労務費や経費についても同様です[22]。

　材料費や労務費，経費といった製造原価が徐々に発生していった
としても，完成した製品が在庫として滞留していては意味がありま
せん。それらの製品を顧客へ払い出すことで，売上高5,000という
成果を獲得します。このとき初めて，稼ぎだした期間収益（売上高
5,000）に対応する犠牲としての売上原価1,399を「期間費用」とし
て認識することで，［売上高5,000－売上原価1,399＝売上総利益

---

[22]　労務費や経費についても，材料を現金で購入する経済活動と同様に，用役（サービス）という
資産を取得する経済活動であるとかんがえられます。ただし，材料とは異なり，各種用役には貯蔵
性がないことから，取得するやいなや費消せざるを得ません（図表6-3の網掛け部分）。瞬間的に
費消せざるを得なくとも，資産の取得と費消とを区別することで発生主義による合理的な説明が可
能となる，という点は重要です。この点については，笠井昭次［1996］『会計構造の論理（改訂
版）』税務経理協会，343-347頁も参照のこと。

● 図表 3-5　材料に係る一般的な仕訳

（1）材料仕入：　　　（借）材料　　　200　　　　（貸）現金　　　200
　　　　　　　　　　　［資産の増加］　　　　　　　［資産の減少］
（2）加工工程：　　　（借）仕掛品　　190　　　　（貸）材料　　　190
　　　　　　　　　　　［資産の増加］　　　　　　　［資産の減少］

● 図表 3-6　材料に係る正則的な仕訳

（1）材料仕入：　　　（借）材料　　　200　　　　（貸）現金　　　200
　　　　　　　　　　　［資産の増加］　　　　　　　［資産の減少］
（2-1）材料費消：　　（借）材料費　　190　　　　（貸）材料　　　190
　瞬間的　　　　　　　［費用の発生］　　　　　　　［資産の減少］
（2-2）価値移転：　　（借）仕掛品　　190　　　　（貸）材料費　　190
　　　　　　　　　　　［資産の増加］　　　　　　　［費用の取消］

● 図表 3-7　費用収益対応の原則[23]

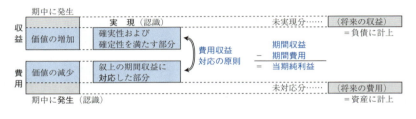

3,601］という損益計算が可能となります（図表 3-4）[24]。

　図表 3-7 からは「価値の減少」について，（ⅰ）期間収益に対応した部分が**期間費用**として損益計算の要素となること，その裏返しとして，（ⅱ）期間収益に対応していない部分は将来の費用として資産に計上されること，が確認できます。図表 3-3 および図表 3-4 に置き換えてみると，（ⅰ）製品払出高 1,380 は売上高 5,000 に対応しているので期間費用として損益計算に算入されます。これに対して，（ⅱ）期末製品棚卸高 430 は期間収益との対応を見出すことができないため，将来の費用として資産に計上されます。

　これまでの話を総括すると，材料費（製造原価）と売上原価（期

---

[23] 友岡賛（編）［2007］『会計学』慶應義塾大学出版会，69頁の図（分担：高瀬央）を一部改変しました。なお，実現については 4 章注 32 も参照のこと。
[24] 逆にいえば，当期総製造費用 1,450 ないし当期製品製造原価 1,500 と売上高 5,000 とは直接的な対応関係になく，差引計算をおこなう意味がありません（図表 3-7）。

間費用）とには「期間収益との対応関係」の有無が相違点として挙げられます。その一方で，材料費は材料という［資産の減少］に伴って発生し，売上原価は製品という［資産の減少］に伴って発生する，という共通点（発生主義）がありました。そして，この共通点は正則的な仕訳（図表3-6）という思考によって明らかになった，という点を強調しておきます。つまり，図表3-5が財務諸表を作成するための手段としての仕訳に留まっているとすれば，図表3-6は企業の経済活動を表現する技法としての仕訳といえるでしょう。結果としての財務諸表に影響しなくとも，「日常的な経済活動として費用はどのように発生するか」という観点では軽視できない相違です。

　なお，実践においては，短期前払費用や消耗品費のように「現金を支出した時点で費用を認識する」という現金主義にもとづいて処理される項目もあります（図表7-7）。とくに法人税務との兼ね合いから，実践においては会計学（理論）が劣後する場合も散見されます。読者のみなさんにはまずもって基礎理論に裏打ちされた「正則的な仕訳」の発想を身に着けたうえで，実践における簡便法にも関心を持っていただければと思います。

☞　費用収益対応の原則について，具体例を交えながら検討しましょう。

4章
商品を仕入れて
販売しましょう（小売業）

■4.1 商品売買に係るみっつの記録法とは

　　主人公の経営する小売店には，商品の買い手（顧客）と売り手（生産者や卸売業者）とをつなぐ役割があります。顧客からの注文を受けてから商品を仕入れる場合，在庫は滞留しません。ただし，迅速に対応できなければ販売機会を逸することになりかねません。

　　したがって実践においては，一度に多くの商品を仕入れて，小口に販売する，という経済活動が反復的におこなわれます。まずは単純化した設例で，その原理をみていきましょう。

[設例 4-1] 取り扱う商品は 1 種類，期首在庫はないものと仮定します。

（受入分）　　仕入単価 30 千円×10 個＝300 千円

（払出分）　　払出単価 30 千円×8 個＝240 千円

　　　　　☞　販売単価 65 千円×8 個＝520 千円

（期末在庫）　仕入単価 30 千円×2 個＝60 千円

　　設例 4-1 については，みっつの記録法が知られています（図表 4-1）。はじめに，三分法の特徴をかんがえましょう。商品受入時には仕入勘定（費用），商品払出時には売上勘定（収益），期末の在庫については繰越商品勘定（資産），というように商品売買をみっつの勘定により記録します。商品受入および商品払出という日常的な記録は簡便な一方で，期末在庫については決算整理を要します。

　　三分法によれば，受け入れた商品 300 千円を仕入勘定で処理する

26

● 図表 4-1　商品売買に係るみっつの記録法

	(a) 分記法 ……「商品」「販売益」 　の2勘定で処理します。	(b) 売上原価対立法 ……「商品」「売上」「売上原価」 　の3勘定で処理します。	(c) 三分法 ……「仕入」「売上」「繰越商品」 　の3勘定で処理します。
受入	(借)商品 300(貸)現金　300	(借)商品　　300(貸)現金　300	(借)仕入　　300(貸)現金　300
払出	(借)現金 520(貸)商品　　240 　　　　　　　　販売益　280	(借)現金　　520(貸)売上　520 (借)売上原価 240(貸)商品　240	(借)現金　　520(貸)売上　520
期末	仕訳なし	仕訳なし	(借)繰越商品　60(貸)仕入　300 　　売上原価 240

● 図表 4-2　三分法にまつわる決算整理

		決算整理前の［総勘定合計表］					決算整理後の［総勘定合計表］	
現　　金	520	資 本 金	300		現　　金	520	資 本 金	300
		売　　上	520		繰越商品	60		
仕　　入	300				売上原価	240	売　　上	520
合計	820	合計	820	(決算整理)	合計	820	合計	820

※　設例 4-1 に先立って，［(借) 現金 300 (貸) 資本金 300］の仕訳を指定します。

ことで［費用の発生］とみなしますが，この実態は商品受入のため
に現金を支出したに過ぎません。すなわち，「売上 520 千円」とい
う成果を獲得するために犠牲となった部分（期間費用）とはいえま
せん[25]。この点を解決するために，(1) 期末在庫を繰越商品勘定へ
振り替えて，(2) 残りは売上原価勘定へ振り替えて期間費用とする，
といった決算整理が必要となります（図表 4-2）。

　逆にいえば，三分法の欠陥として，決算整理をおこなうまでは会
計記録の枠内において売上原価の把握がなされない点を指摘せざる
を得ないでしょう。日常的な経済活動を総勘定合計表に集約させて
会計学をかんがえる本書では，決算整理によって帳尻を合わせれば
よい，という考え方を採ることはできません。

　つづいて，売上原価対立法と分記法との相違点である払出時の仕
訳について，「収益 520 千円と費用 240 千円との総額を認識する」
か「販売益 280 千円という純額のみを認識する」か，いずれが望ま

---

[25]　当期に材料費が発生しても，工程を経て完成した製品が払い出されて売上原価を構成しない限
り「期間費用」とはならなかったことを確認してください（3.3 を参照のこと）。

● 図表 4-3　分記法と売上原価対立法との相違

分記法による［総勘定合計表］			
現　金	520	資 本 金	300
商　品	60		
		販 売 益	280
合計	580	合計	580

売上原価対立法による［総勘定合計表］			
現　金	520	資 本 金	300
商　品	60		
売上原価	240	売　上	520
合計	820	合計	820

しいでしょうか[26]。まずは，商品の払出と対価の受領とは別個の経済活動である点に着目するならば，現金と商品とを「交換」するような分記法の考え方には辿り着かないでしょう。そして，分記法では販売益という「結果」しか示されない点も問題視されます。期中の主たる経済活動が薄利多売であったのか，それとも高付加価値路線を推し進めたのかによって，「結果」の含意は著しく異なるからです[27]。

　以上について，総勘定合計表を用いて示しましょう（**図表 4-3**）。「結果」しか見えてこない分記法に対して，売上原価対立法であれば［運用形態］のひとつとして「売上原価 240 千円」が明確に示され，日常的な経済活動を集約する総勘定合計表の役割を十分に果たします。もちろん，貸方では「売上 520 千円」が［調達源泉］のひとつとして記録され，借方には「現金 520 千円および商品 60 千円」という期末有高が示されます。本書では原則として，商品売買のような企業の主たる経済活動については，売上原価対立法によって説明を進めます。

☞　売上原価対立法による記録が適わない状況は，実践において存在するでしょうか。

---

26)　実践における売上高の総額表示と純額表示との相違については，平野智久［2018］『ケースブック財務会計』新世社，11-14 頁も参照のこと。

27)　野球の試合結果が 1 点差だったとしても，2 対 1 の投手戦か 10 対 9 の乱打戦かによって，内容には歴然とした差があります（この例は，2018 年 6 月に開催された日本簿記学会第 34 回関東部会における石川純治氏の講演でのひとコマです。また，笠井昭次［2000］『会計の論理』税務経理協会，261 頁も参照のこと）。

28　4 章　商品を仕入れて販売しましょう（小売業）

■4.2　売上原価を算定します

　同じ商品であっても，市場の需給によって仕入単価が変動することもあります。複数の仕入単価が混在した状況では，どのように売上原価を算定できるでしょうか。

[設例 4-2] A 社が取り扱う商品は 1 種類，期首在庫はないものと仮定します。

	個数	仕入単価	仕入金額		個数	販売単価	売上金額
20X1/ 4/20	100	3,000	300,000	20X1/ 6/1	80	6,000	480,000
9/20	300	2,000	600,000	10/1	250	5,000	1,250,000
合計	400		900,000	12/1	25	6,800	170,000
				合計	355		1,900,000

　期末在庫 45 個についても，単価 6,000 円で販売できると見込んでいます。また，徹底した在庫管理によって，以下のとおり払出商品の内訳を把握できているとしましょう。

	4 月受入分	9 月受入分	売上原価および期末在庫	
20X1/ 6/1	3,000× 80 個	—	= 240,000	
10/1	3,000× 10 個	+ 2,000×240 個	= 510,000	売上原価合計
12/1	—	+ 2,000× 25 個	= 50,000	800,000
期末在庫	3,000× 10 個	+ 2,000× 35 個	= 100,000	
合計	3,000×100 個	+ 2,000×300 個	= 900,000	

　設例 4-2 では，払い出した商品がいつ仕入れたものかを把握できています。このように払出商品の仕入単価をもって売上原価とする方法を個別法といい，「正確」な期間損益が算定されます（図表 4-4）。在庫管理の IT 化が作用しているのか，手書きによる記録があたりまえだった時代とは異なり，個別法を採用している企業は意外にも少なくないようです[28]。

　とはいえ，業種や規模，商品の特性に鑑みると，個別法を採用できない企業もあります。その場合には商品の払出に一定の仮定を設けて，それによって評価した払出単価に払出数量を乗じて売上原価を算定することで，「適正」な期間損益を算定します。

　たとえば，先に仕入れた商品から先に払い出されていく，という先入先出法を採用した場合には，実際の期末在庫がどうであったか

---

[28]　平野智久［2018］『ケースブック財務会計』新世社，図表 3-4 を参照のこと。

● **図表 4-4　個別法による仕訳**

20X1 年 4 月 20 日：	（借）商品	300,000	（貸）現金	300,000
	［資産の増加］			
20X1 年 6 月 1 日：	（借）現金	480,000	（貸）売上	480,000
			［収益の発生］	
	（借）売上原価	240,000	（貸）商品	240,000
	［費用の発生］		［資産の減少］	
20X1 年 9 月 20 日：	（借）商品	600,000	（貸）現金	600,000
20X1 年 10 月 1 日：	（借）現金	1,250,000	（貸）売上	1,250,000
	（借）売上原価	510,000	（貸）商品	510,000
20X1 年 12 月 1 日：	（借）現金	170,000	（貸）売上	170,000
	（借）売上原価	50,000	（貸）商品	50,000
20X2 年 3 月 31 日：	仕訳なし			

にかかわらず，計算上は後に仕入れた分（9 月受入分）が次期に繰り越されるとみなします（**図表 4-5**）。受入や払出のたびに数量や単価を記録することから効果的な在庫管理が期待される一方で，取り扱う物品の種類が多いほど煩雑になる実践上の課題を指摘できるでしょう。

　他方で，期末の実地棚卸によって期中の払出高（売上原価）を逆算する方法もよく知られています。そのひとつとして，総平均法による商品有高帳をみてみましょう（**図表 4-6**）。個別法や先入先出法のような記録は煩雑である，とみる立場からは，より効率的な在庫管理を狙った総平均法は受け容れられやすいでしょう。ただし，逆算であるがゆえに，現時点での在庫有高や原価率は期末まで把握できず，売上原価対立法による記録も適いません[29]。

　図表 4-7 に掲げたどの方法を採用するかによって売上原価は異なり，したがって売上総利益にも差異が生じます[30]。「利益操作」を疑われることのないよう，いったん採用した方法は正当な理由なく

---

[29]　したがって，**図表 4-6** は次のような三分法によらざるを得ません。

20X1 年 4 月 20 日：	（借）仕入	300,000	（貸）現金	300,000
20X1 年 9 月 20 日：	（借）仕入	600,000	（貸）現金	600,000
20X2 年 3 月 31 日：	（借）繰越商品	101,250	（貸）仕入	900,000
	売上原価	798,750		

[30]　**移動平均法**とは，商品を仕入れる都度，平均単価を算定しなおす方法をいいます。**売価還元法**とは，異種商品を一括した売価合計額から原価率を逆算する方法をいいます。

30　4 章　商品を仕入れて販売しましょう（小売業）

● 図表 4-5　設例 4-2 に関する先入先出法による商品有高帳

(先入先出法)　　　　　　　　　　　　　　商品有高帳　　　　　　　　　　　(単位:個, 円)

月日	摘要	受入			払出			残高		
		数量	単価	金額	数量	単価	金額	数量	単価	金額
20X1/4/1	前期繰越	0		0				0		0
4/20	仕　入	100	3,000	300,000				100	3,000	300,000
6/1	売　上				80	3,000	240,000	20	3,000	60,000
9/20	仕　入	300	2,000	600,000				20	3,000	60,000
								300	2,000	600,000
10/1	売　上				20	3,000	60,000			
					230	2,000	460,000	70	2,000	140,000
12/1	売　上				25	2,000	50,000	45	2,000	90,000
20X2/3/31	次期繰越				45	2,000	90,000			
		400		900,000	400		900,000			
20X2/4/1	前期繰越	45	2,000	90,000				45	2,000	90,000

● 図表 4-6　設例 4-2 に関する総平均法による商品有高帳

(総平均法)　　　　　　　　　　　　　　商品有高帳　　　　　　　　　　　(単位:個, 円)

月日	摘要	受入			払出			残高		
		数量	単価	金額	数量	単価	金額	数量	単価	金額
20X1/4/1	前期繰越	0		0				0		0
4/20	仕　入	100	3,000	300,000				100		
6/1	売　上				80			20		
9/20	仕　入	300	2,000	600,000				320		
10/1	売　上				250			70		
12/1	売　上				25			45		
20X2/3/31	次期繰越				45	2,250(*)	101,250			
		400		900,000	400		900,000			
20X2/4/1	前期繰越	45	2,250	101,250				45	2,250	101,250

(*)　期末在庫の単価は, 期中の受入金額合計 900,000 円 ÷ 期中の受入数量合計 400 個により算定します。

● 図表 4-7　設例 4-2 に関する 20X1 年度の売上原価および次期繰越高

		売上高	売上原価(*)	売上総利益	次期繰越高(*)
継続的に記録する	個別法		800,000	1,100,000	100,000
	先入先出法		810,000	1,090,000	90,000
	移動平均法	1,900,000 －	807,187	= 1,092,813	92,813
期末に逆算する	総平均法		798,750	1,101,250	101,250
	売価還元法		788,012	1,111,982	111,982

(*)　どの方法を採用しても, 売上原価と次期繰越高との合計額は 900,000 円で一致します。

変更しない継続性の原則が求められています。

☞　図表 4-7 をみて, いずれの方法を採用しても売上原価と次期繰越高との合計額は 900 千円で一致する理由について, 検討してみましょう[31]。

※　商品有高帳の「受入欄」および「払出欄」をみると, 合計金額が一致しています。

4.2　売上原価を算定します　　31

■4.3　営業収益を認識します

　図表 4-1 の売上原価対立法では（また，三分法であっても），商品を引き渡した対価としての現金を受け取った時点で，「売上 520 千円」という［収益の発生］を捉えました。特殊な業種や契約を除き，（ⅰ）商品を相手に引き渡した，（ⅱ）対価として現金又は現金等価物を受け取った，という 2 要件を満たした時点で収益を認識します。また，この 2 要件を満たすことをもって「収益が実現した」ともいいます[32]。

　ところで，A 社（決算日：3 月末）は 20X1 年 9 月 1 日より 1 年間，保有する土地の一部を L 社に貸し出す旨の契約を締結していたとしましょう。このとき当座預金口座に，1 年分の賃料として 720 千円が一括で振り込まれた，という取引をかんがえます（図表 4-8）。

　決算整理後における総勘定合計表の借方要素は「当座預金 720 千円」であり，貸方要素は「受取地代 420 千円」となる点は共通しています。ただし，一般的な理解では決算整理の一環として受取地代 300 千円を取り消す一方で，本書の理解では賃料の受領時に認識した「契約負債」を時の経過とともに少しずつ収益に振り替えています（図表 4-9）[33]。

　一般的な理解においては，現金受領額のすべてを［収益の発生］と記録しておく現金主義の考え方がみられますが，これは実践上の便宜を念頭においた簡便法です。経済活動の表現としては，（1）契

---

[31]　仕入戻しを商品有高帳の「払出欄」に記入したり，売上戻りを「受入欄」に記入したり，といった方法は直感的にはわかりやすいかもしれませんが，適切な在庫管理といえるでしょうか。設例 4-2 を一部改変した「9 月 20 日に 350 個を仕入れ，翌日に 50 個返品した」という状況で，図表 4-5 や図表 4-6 がどうなるかを観察してください。

[32]　図表 3-7 では実現について「確実性および確定性を満たす部分」と示しました。ここでの確実性とは「収益の成立が後戻りしないこと」であり，確定性とは「金額が決まっていること」といった用語法です（笠井昭次［2005］『現代会計論』慶應義塾大学出版会，220 頁も参照のこと）。
　かような実現主義の原則を定めた「企業会計原則」に対して，2018 年 3 月に公表された「収益認識に関する会計基準」では履行義務の充足に伴って収益を認識する旨が定められています（平野智久［2019］「新しい収益認識基準で仕訳はどう変わる？（1）」『会計人コース』54(1)，146–148 頁を参照のこと）。

[33]　図表 4-8 では毎月末に 60 千円ずつ振り替えていますが，理論的には「時の経過とともに」であるいじょう週次でも日次でも問題ありません。

32　4 章　商品を仕入れて販売しましょう（小売業）

● 図表 4-8　役務の提供に係る収益の認識

	一般的な仕訳	本書の理解
契約締結	（借）当座預金 720,000　（貸）受取地代 720,000	（借）当座預金 720,000　（貸）契約負債 720,000
毎月末 ×7ヵ月	仕訳なし	（借）契約負債　60,000　（貸）受取地代　60,000
決算整理	（借）受取地代 300,000　（貸）前受収益 300,000	仕訳なし
含意	賃料 720 千円を受領した時点で全額を収益として認識しています。未経過分（5ヵ月）は決算整理の一環として［収益の取消］としたうえで、「前受収益」という経過勘定で処理します。	賃料 720 千円を受領した時点では契約を交わしたにすぎません。L 社へ土地を貸すという義務は時の経過とともに少しずつ履行されるとみて、期末までの 7ヵ月間で 420 千円の収益を認識します。

● 図表 4-9　前受収益と契約負債との相違点

	前受収益	契約負債（前受金）
概要	一定の契約に従い、継続して役務の提供をおこなう場合、いまだ提供していない役務に対し支払を受けた対価をいいます。時間の経過とともに次期以降の収益となるものであることから、当期の損益計算から除去するとともに貸借対照表の負債の部に計上しなければなりません。 　また、かかる役務提供契約以外の契約等による前受金とは区別しなければなりません。	財貨用役（財又はサービス）を顧客に移転する企業の義務に対して、（a）企業が顧客から対価を受け取ったもの、（b）または対価を受け取る期限が到来しているものをいいます。 　（a）と（b）とのいずれか早い時点で、顧客から受け取る対価について契約負債を貸借対照表に計上し、適切な科目をもって表示します。
認識	決算整理の一環として、 （借）［収益の取消］xxx　（貸）前受収益　　xxx	期中において、 （借）［資産の増加］xxx（貸）契約負債　　xxx
消滅	翌期首に再振替仕訳として、 （借）前受収益　　xxx（貸）［収益の発生］xxx	履行義務の充足に伴って、 （借）契約負債　xxx（貸）［収益の発生］xxx
参照箇所	企業会計審議会［1982］「企業会計原則」注解 5⑵	ASBJ［2018］「収益認識に関する会計基準」11 項

約によって「土地を貸す」という義務を負う、（2）時の経過によって徐々に義務を履行したとみなす、といった順序が重要であり、これこそが発生主義の正則的な考え方といえるでしょう。

☞　「収益認識に関する会計基準」が公表された現在においてもなお、前受収益と前受金とは区別すべきという「企業会計原則」の定めは妥当でしょうか。

■4.4　消費税の受払を考慮します

　国内において事業として対価を得ておこなう資産の譲渡や役務の提供は、消費税（国税）および地方消費税の対象となります。最終的に負担する者（消費者）と実際に納める者（事業者）とが一致し

● 図表 4-10　税抜方式による仕訳

仕入分：	(借)商品	900,000		(貸)現金	972,000	
	仮払消費税等	72,000				
	[資産の増加]					
販売分：	(借)現金	2,052,000		(貸)売上	1,900,000	
				仮受消費税等	152,000	
				[負債の増加]		
	(借)売上原価	800,000		(貸)商品	800,000	
期末：	(借)仮受消費税等	152,000		(貸)仮払消費税等	72,000	
	[負債の減少]			[資産の減少]		
				未払消費税等	80,000	
				[負債の増加]		

ていないことから，消費税は間接税の代表例に挙げられます。設例4-2について，消費税（8%）を加味した仕訳をかんがえましょう（図表4-10）[34]。

商品を販売したときに顧客から受け取った 152 千円と[35]，商品を仕入れたときに取引先へ支払った 72 千円との差額（80 千円）を期末から 2 ヵ月以内に納めます。この未払消費税等は，売上原価（期末在庫）や売上総利益の多寡にかかわらず算定される点が特徴的といえます。

> ☞　優良顧客へ商品を販売した時にポイントを付与していた場合に，いつ，いくらの営業収益を認識することが望ましいといえるでしょうか。
>
> ※　100 円の売上で 3 円分のポイントを付与したとき，何がポイントの原資となっているでしょうか。

（付記）本章の内容は，平野智久［2018］『ケースブック財務会計』新世社，14-15 頁；44-49 頁と重複している部分があります。

---

[34]　資本金が 1,000 万円未満の新設会社でも，消費税課税事業者選択届出書を提出することができます。

[35]　これまで選択適用できていた税込方式では，仮受消費税等も売上に含めて処理していました。しかし，仮受消費税等はあくまで国へ納めるべき負債であって，「収益認識に関する会計基準」における取引価格には含められません。今後は多くの企業において，税抜方式が採用されるものと推察されます。

5章
商品売買のすべてが
現金取引とは限りません

■5.1 商品受入に係る債権債務とは

　　前章で取り上げた現金取引による商品売買は，企業の主たる経済
活動として効率的とはいえません。商品の仕入先に代金を支払う時
点としては，（a）商品受入に先立って，（b）商品受入と同時に，
（c）商品受入の後に，というみっつが想定されます（**図表5-1**）。

　　契約の締結時に支払う手付金や内金は，財貨用役を受け入れる以
前に金銭を支出した事実を意味する<ruby>前渡金<rt>まえわたしきん</rt></ruby>（<ruby>前払金<rt>まえばらいきん</rt></ruby>）勘定（資
産）を用いて処理します[36]。金銭の支払によって「財貨用役を受け
入れる権利」を得た，というように前渡金の資産性を理解してもよ
いでしょう。

● **図表5-1　商品代金を支払う時点**

① 商品3,700千円分の仕入に際して，内金として普通預金から100千円を支出しました。
② ①の商品が到着したので，そのすべてを検収しました。
③ ②について，代金の一部として小切手2,000千円分を振り出しています。
④ ②について，取引先の承諾を得てから約束手形900千円分を振り出しています。
⑤ 継続的な役務提供契約を締結し，手付金として普通預金から100千円を支出しました。

①：	（借）前渡金	100,000	（貸）普通預金	100,000……(a)		
	［資産の増加］					
②：	（借）商品	3,700,000	（貸）買掛金	3,700,000		
			［負債の増加］			
	（借）買掛金	100,000	（貸）前渡金	100,000		
	［負債の減少］		［資産の減少］			
③：	（借）買掛金	2,000,000	（貸）当座預金	2,000,000……(b)または(c)		
④：	（借）買掛金	900,000	（貸）支払手形	900,000		
			［負債の増加］			
⑤：	（借）前渡金	100,000	（貸）普通預金	100,000……(a)		

35

商品が到着したら，数量や品質などが注文内容と合致しているかを確かめます（検収といいます）。検収できた部分について代金を支払う義務が生じるので，「取引先に対する仕入債務」を意味する買掛金勘定（負債）を用いて処理します。本書の理解では，検収した商品代金の全額をいったん買掛金の増加とすることで，如何なる支払方法にも対処できます。すなわち，②先立って支払った100千円と相殺したり，③小切手2,000千円分を振り出したり，④約束手形900千円分を振り出して支払手形勘定（負債）で処理したり，といった種々の実践を統一的に説明できます。

☞ 買掛金勘定や支払手形勘定は負債項目であり，総勘定合計表においては［調達源泉］のひとつとして理解されます。どのような論理によっているのでしょうか。
※ 代金の支払を後日まで猶予してもらうということは，その分のカネを今は他の目的に使えます。

■5.2　商品払出に係る債権債務とは

4.3でも学んだように，営業収益の認識には，（ⅰ）商品を相手に引き渡した，（ⅱ）対価として現金又は現金等価物を受け取った，という2要件が欠かせません。得意先から代金を受け取る時点としては，（a）商品払出に先立って，（b）商品払出と同時に，（c）商品払出の後に，というみっつが想定されます（図表5-2）。

商品払出に先立って現金を受領した場合には，契約負債勘定（負債）を用いて処理します（図表4-8）。これに対して商品払出の時点で現金を受領していない場合には，後日に受け取る約束それ自体が現金等価物に該当するため，「取引先に対する売上債権」を意味

---

36) 民法557条1項では，相手方が契約の履行に着手するまでの間は，買主は交付した手付を放棄し，売主はその倍額を支払って，契約を解除することが認められています。叙上の手付金は，したがって，代金の一部を支払うという意味の内金とは厳密には異なる法的な意味をもっています。もっとも，手付交付に際しては，「履行着手後は，代金の一部に組み込まれる」という約定がなされている場合がほとんどのようです（潮見佳男［2017］『基本講義 債権各論Ⅰ（第3版）』新世社，75頁）。会計の世界ではこれらを区別することなく，契約時に支払う金銭については前渡金勘定で処理しています。

36　5章　商品売買のすべてが現金取引とは限りません

● **図表 5-2　商品代金を受け取る時点**

⑥　得意先 CU 社へ商品 2,750 千円分を販売し，代金 7,100 千円は後日に受け取る約束です。
⑦　⑥について，5,238 千円が普通預金口座へ振り込まれています。
⑧　⑥について，A 社を名宛人とする約束手形 1,320 千円分を受け取っています。
⑨　翌期分の売買契約を締結し，内金として 70 千円が普通預金口座へ振り込まれました。

⑥：	（借）売掛金	7,100,000	（貸）売上	7,100,000
	［資産の増加］		［収益の発生］	
	（借）売上原価	2,750,000	（貸）商品	2,750,000
⑦：	（借）普通預金	5,238,000	（貸）売掛金	5,238,000……(b)または(c)
			［資産の減少］	
⑧：	（借）受取手形	1,320,000	（貸）売掛金	1,320,000
	［資産の増加］			
⑨：	（借）普通預金	70,000	（貸）契約負債	70,000……(a)
			［負債の増加］	

● **図表 5-3　クレジット・カードによる決済**

⑩　商品代金 1,000 千円（原価 450 千円分）について，クレジット・カードでの決済により
販売しました。A 社は代金の 3％を信販会社へ支払う約束となっています。
⑪　⑩の一部が支払期日となったため，当座預金口座へ 890 千円が入金されました。

⑩：	（借）クレジット売掛金	1,000,000	（貸）売上	1,000,000
	［資産の増加］		［収益の発生］	
	（借）支払手数料	30,000	（貸）クレジット売掛金	30,000
	［費用の発生］		［資産の減少］	
	（借）売上原価	450,000	（貸）商品	450,000
⑪：	（借）当座預金	890,000	（貸）クレジット売掛金	890,000

する売掛金勘定（資産）を用いて処理します[37]。本書の理解では，企業の経済活動として最も努力を要する「販売」の段階を完了した商品については，たとえ現金取引であっても売掛金勘定を介することで，如何なる決済手段にも対処できます（**図表 5-3**）[38]。

クレジット・カード決済による販売について，一般的には次のような仕訳がなされます。

⑩′：	（借）**クレジット売掛金**	970,000	（貸）**売上**	1,000,000
	［資産の増加］		［収益の発生］	
	支払手数料	30,000		
	［費用の発生］			

---

[37]　試用販売の場合には，（1）顧客に商品を引き渡し，（2）試用期間が経過し，（3）顧客が「購入する」という意思を示した時点（3）をもって初めて，売上債権の増加と同時に営業収益を認識できます。
[38]　小売の現場では電子マネーや外貨，さらには暗号資産を決済手段とした取引が次々と登場しています。対価として受け入れているならば，それらも現金等物価とみなすこととなるでしょう。

5.2　商品払出に係る債権債務とは　　**37**

⑩′と⑩との相違点として，支払手数料の相手勘定，およびクレジット売掛金の測定が挙げられます。支払手数料という［費用の発生］は，本来は［資産の減少］を伴うものであって，［収益の発生］との結合関係は成立しません[39]。そこで，支払手数料を「クレジット売掛金という売上債権のうち回収を諦めざるを得ない部分」と理解してはどうでしょうか。ひいては，⑩′は財務諸表を作成するための簡便的な仕訳であって，企業の経済活動を正則的に表現した仕訳は⑩となるはずです[40]。

　クレジット売掛金に係る支払手数料の如く，売上債権の一部について「回収を諦めざるを得ない」という状況としては，5.3で取り上げる貸倒のほか，（a）顧客へ精算の直前に当たり籤を引かせた結果として売価を値引いた[41]，（b）優良顧客へ付与していたポイントが行使された[42]，（c）額面よりも安い価格で商品券を発行していた[43]，といった実践を挙げることができます。いずれも正則的には，すべて図表5–3⑩と同様の考え方で整理できるでしょう。

---

[39]　たとえば，安平昭二［2007］『簿記要論（六訂版）』同文舘出版，45頁。

[40]　「収益認識に関する会計基準」を適用すると，［（借）クレジット売掛金 970,000（貸）売上 970,000］という仕訳がなされるかもしれません。［（借）支払手数料 30,000（貸）売上 30,000］という仕訳の問題は解消できましたが，翻って，A社が加盟店手数料 30 千円を負担している事実を仕訳に示すことができなくなっています（平野智久［2019］「新しい収益認識基準で仕訳はどう変わる？（1）」『会計人コース』54(1)，設例 C も参照のこと）。

[41]　単純に商品（売価 10 千円，原価 4 千円）を無償で引き渡した場合には，

商品払出時：　　　（借）販売促進費　　4,000　　（貸）商品　　4,000
　　　　　　　　　　［費用の発生］

といった仕訳が想定されます。ただし，精算の直前に籤を引くまで，それが「当たり」か「はずれ」かはわかりません。すなわち，顧客に商品を摑ませる，という企業の販売努力は成功しており，籤の結果は代金の回収額を左右するに留まると理解できるでしょう。1 等は当社が全額負担，2 等は当社が 3 割負担，といった場合を想定すれば，次のような仕訳がかんがえられます。

籤の結果 →	商品の払出（すべての籤）	（借）売掛金	10,000	（貸）売上	10,000
		（借）売上原価	4,000	（貸）商品	4,000
	代金の回収 1 等：	（借）販売促進費	10,000	（貸）売掛金	10,000
	2 等：	（借）販売促進費	3,000	（貸）売掛金	10,000
		現金	7,000		
	空籤：	（借）現金	10,000	（貸）売掛金	10,000

なお，平野智久［2018］『ケースブック財務会計』新世社，設例 1–3 も参照のこと。

[42]　平野智久［2019］「新しい収益認識基準で仕訳はどう変わる？（2）」『会計人コース』54(3)，設例 F を参照のこと。

[43]　平野智久［2018］『ケースブック財務会計』新世社，図表 1–7 を参照のこと。

38　　5 章　商品売買のすべてが現金取引とは限りません

☞ 図表 5-2 ⑨の契約負債勘定 70 千円は，どのような経済活動によって減少させることができるでしょうか。図表 4-9 も参照しながら，検討してみましょう。

■5.3 売上債権の貸倒に備えます

図表 5-2 および図表 5-3 をつうじて，商品を払い出した時点での売価をもって売上債権を認識し，その後の現金収入をもって回収するしくみを学びました。しかしながら，不幸にも売上債権の回収を諦めて貸倒損失を計上せざるを得ない事態に陥ることもあります（図表 5-4）。こういった事態に備えて期末に見積り計上する貸倒引当金繰入についても概観しましょう（図表 6-10）。

民事再生手続が裁判所に申し立てられた時点で債権を回収できる見込は低くなることから，再生計画案の認可より早い段階で売掛金勘定（流動資産）から破産更生債権等勘定（投資その他の資産）[44] へ振り替えることがあります。また，図表 5-2 ⑧のように約束手形として受け取っていた場合を想定しましょう。支払期日には手形交換所（図表 2-5）をつうじて決済がなされます。ところが，相手方

● **図表 5-4　売上債権の貸倒**

⑫　A 社は当期に販売した商品に係る売掛金 142 千円について，回収を断念しました。

⑫：	（借）貸倒損失	142,000	（貸）売掛金	142,000
	［費用の発生］			

● **図表 5-5　破産更生債権等に係る貸倒見積**

⑬　約束手形 300 千円の振出人である CX 社が実質的な経営破綻となってしまいました。このため，保証による回収見込額 200 千円を差し引いて，貸倒引当金を見積り計上します。

⑬：	（借）破産更生債権等	300,000	（貸）受取手形	300,000
	［資産の増加］		［資産の減少］	
	（借）貸倒引当金繰入	100,000	（貸）貸倒引当金	100,000
	［潜在的な費用の発生］		［潜在的な資産の減少］	

---

44)　経営破綻又は実質的に経営破綻に陥っている債務者に対する債権をいいます（ASBJ［2008］「金融商品に関する会計基準」27(3) 項）。

5.3　売上債権の貸倒に備えます　　**39**

の預金残高が不足していて決済できなかった場合，これを不渡といいます。6ヵ月以内に2度の不渡は「取引停止」となるため，この場合も破産更生債権等として処理します。

貸倒見積高の算定に際して，債権額から担保の処分見込額及び保証による回収見込額を減額するしくみを概観しましょう（図表5-5）。図表5-2⑧により保有する約束手形1,320千円のうち，実質的に経営破綻したCX社に対する300千円分を破産更生債権等勘定に振り替えました。ただし，保証により200千円は回収できるとA社は見込んでいます。

図表5-5の貸倒引当金繰入勘定や貸倒引当金勘定にみられる「潜在的な」という意味について検討しましょう。現実に貸し倒れたわけではなくとも，将来に回収できないと見込まれる額（100千円）を見積り計上することで，債権価値の実態開示を試みたとみることができます。債権額300千円を破産更生債権等に振り替えるだけでなく，貸倒見積高を差し引いた約束手形の実質的な価値（200千円）を開示することによって，担保ないし保証による回収という［運用形態］の巧拙が明らかとなるかもしれません。

ただし，実態開示を優先させたための「弊害」もありそうです。図表5-4の貸倒損失は現実の［資産の減少］に伴って既に発生した費用である一方で，図表5-5の貸倒引当金繰入は未だ発生していない費用といえるからです。貸倒損失（既発生）と貸倒引当金繰入（未発生）とをいずれも「当期の費用」とする考え方は如何にして成り立つのか，意外にも難しい問題ではないでしょうか[45]。

なお，経営状態に重大な問題が生じていない債務者に対する債権（一般債権といいます）についても，過去の貸倒実績率などにもとづいて貸倒見積高を算定します。たとえば，図表5-2から図表5-5をふまえて，期末の売上債権1,500千円について将来に2%が貸し

---

[45] この問題を解決する方途として，(a) 発生概念を拡張した原因発生主義を費用一般の認識規準とする，(b) 発生概念は捨象して費用収益対応の原則を重視する，(c) 利益の過大計上を戒める保守主義の原則にもとづいて慎重な会計処理をおこなう，といったみっつが挙げられますが，詳しくは6.3を参照のこと。

40　5章　商品売買のすべてが現金取引とは限りません

● **図表 5-6　売上債権および破産更生債権等に係る貸倒引当金の表示**

図表 5-2 から図表 5-5 までを集約した A 社の財務状況（一部）

(流動資産)			(流動負債)		
普 通 預 金		5,308,000	契 約 負 債		70,000
当 座 預 金		890,000			
受 取 手 形	1,020,000				
売 掛 金	400,000				
クレジット売掛金	80,000				
貸 倒 引 当 金	△30,000	1,470,000			
(投資その他の資産)					
破 産 更 生 債 権 等	300,000				
貸 倒 引 当 金	△100,000	200,000			
(販売費及び一般管理費)			(営業収益)		
貸 倒 損 失		142,000	売 上		8,100,000
貸 倒 引 当 金 繰 入		30,000			
支 払 手 数 料		30,000			
(特別損失)					
貸 倒 引 当 金 繰 入		100,000			
	合計	8,170,000		合計	8,170,000

倒れると見込んだ場合，一般債権について 30 千円の貸倒引当金を見積り計上する必要があります（**図表 5-6**）。

☞　図表 5-6 の貸倒引当金繰入 130 千円を費用計上するとしないとでは，どのような違いが生じるでしょうか。企業会計に期待される役割とあわせて，検討してみましょう。

■5. 4　受け取った約束手形のゆくえ

約束手形とは「いつ，いくら，どこで支払うか」を記載した証券をいい，**図表 5-1** ④のような商品代金の決済はもちろんのこと，資金の借入を目的に振り出されることもあります（**図表 9-5**）。支払期日が到来するまでに，手形の振出人は約束した金額を準備して決済に備えなければなりません。その一方で，手形の名宛人（**図表 5-2** ⑧では A 社）が採り得る手段としては，(a) 裏書譲渡，(b) 割引[46]，(c) 取立のみっつが想定されます（**図表 5-7**）。

なお，支払期日に手形の振出人が不渡を生じさせた場合には，裏

5. 4　受け取った約束手形のゆくえ　**41**

● 図表 5–7　受け取った約束手形のゆくえ

販売した商品の代金として A 社は 9 月 1 日に約束手形 500 千円分を受け取りました。
この手形の支払期日は 12 月 31 日となっています。
(a) A 社は第三者への買掛金 500 千円を支払うために，裏書譲渡しました。
(b) A 社は約束手形を即時に B 銀行で割り引いてもらい，現金 490 千円を受領しました。
(c) 支払期日となったので，B 銀行へ取立を依頼し，手形交換所をつうじて決済されました。

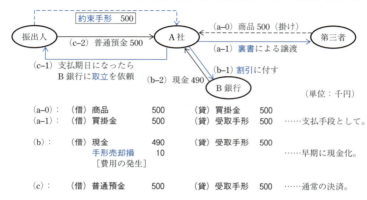

(単位：千円)

(a–0):	(借)	商品	500	(貸)	買掛金	500	
(a–1):	(借)	買掛金	500	(貸)	受取手形	500	……支払手段として。
(b):	(借)	現金	490	(貸)	受取手形	500	
		手形売却損	10				……早期に現金化。
		［費用の発生］					
(c):	(借)	普通預金	500	(貸)	受取手形	500	……通常の決済。

書や割引をおこなった A 社が，第三者や B 銀行に対してその債務を保証する責任を負います（図表 9–8）。

☞　図表 5–7 について，A 社以外の 3 者それぞれについて，仕訳をかんがえましょう。

---

46)　早期の現金化に際して，割引料が差し引かれます。図表 5–7 の場合は，500 千円分の手形を担保に B 銀行から 4 ヵ月借り入れる，と観念することで［額面 500 千円×2％＝10 千円］といった計算が成り立ちます（便宜的に設けた 2％は割引率と呼ばれます）。ただし，現行の会計基準においては「金融機関への売却」という見方に収斂しています（秋葉賢一［2016］「手形の割引：売却処理か金融処理か？」『企業会計』68(9)，86-87 頁を参照のこと）。

42　5 章　商品売買のすべてが現金取引とは限りません

6章
従業員に給与を支払いましょう

■6.1　人件費も発生主義により認識します

　わが国における企業活動の実態把握を目的とする「法人企業統計」では，売上高に対する人件費の割合（売上高人件費比率）が算出されています。人件費は主として，製造業では「売上原価」の一部を構成し（図表3-4），小売業では「販売費及び一般管理費」に組み込まれます（図表8-7）。人件費比率の上昇がもたらす営業利益率の低下は，海外製品との競争下にあって価格へ転嫁しづらい製造業においてより強く影響しているとされています[47]。

　ところで，2007年度以降の法人企業統計では［人件費＝役員給与＋役員賞与＋従業員給与＋従業員賞与＋福利厚生費］と定義されています。しかしながら，企業会計においては「企業の役員や従業員などに関連して発生した費用」といったように，もう少し広く解釈したほうがよいでしょう（図表6-1）[48] [49]。

　端的にいえば，人件費という［費用の発生］は何らかの［資産の減少］を伴うものの，それが即ち現金支出を意味するとは限りません。購入した材料を費消した分だけ「材料費」が発生する製造業会

---

[47]　財務総合政策研究所ウェブページ「キーワードで見る法人企業統計」を参照のこと。

[48]　予め定められた金額を支払って当該企業の株式を取得できる権利をストック・オプションといいます（設例12-5）。株価が上昇するほどその株式を売却したときの「報酬」も拡大することから，労働意欲を促進させる動機づけとしての効果が期待されています。ただし，株価は従業員の労働とは無関係に変動することも事実でしょう（平野智久［2018］『ケースブック財務会計』新世社，68-74頁も参照のこと）。

[49]　わが国では馴染みにくいですが，国際的な会計基準（IFRSs）では未消化の有給休暇を負債として計上します（平野智久［2018］『ケースブック財務会計』新世社，74-79頁を参照のこと）。

43

● 図表 6-1　人件費の分類

	内訳（概要）		労働用役	現金支出（例）	
給与	給料（基本給）		受入あり	役員や従業員に	毎月
	諸手当	時間外手当など	受入あり	（一部は税務署に）	
		通勤手当など	なし？		
賞与	個人や部署別に査定する場合など		受入あり？	役員や従業員に	年2-3回
	全社的な業績に連動する場合など		なし？	（一部は税務署に）	
福利厚生費	慶弔や永年勤続表彰など		なし？	役員や従業員に	随時
法定福利費	会社負担分の社会保険料		なし？	年金事務所に	毎月
退職給付費用	当期に発生したと認められる退職給付		受入あり	役員や従業員に	退職時
株式報酬費用	株価を上昇させる動機づけ		受入あり？	なし	
有給休暇費用	未消化分を期末に負債計上した相手勘定		受入あり？	なし	

計を足掛かりにすれば（**図表3-2**），役員や従業員から受け入れた**労働用役**[50]を費消したことで「人件費」を認識するという**発生主義**の考え方をみることができます。はじめに，一定の期間にわたって勤務した従業員に対して支払う**退職給付費用**について[51]，極限まで単純化した設例にもとづいて検討してみましょう（**設例6-1**）。

[**設例6-1**] 退職一時金に関して，次の状況における仕訳をかんがえましょう。

① 従業員E氏から毎月，労働用役100円分を受け入れます。

② 毎月の支給日に90円を普通預金口座から支払います（10円は退職時に支払う）。

③ 従業員E氏が5年後（60ヵ月後）に退職したので，一時金600円を支払います。

---

[50] 本書では「労働力」「人手」といった意味をもつ資産として捉えています。他の資産と大きく異なる特徴として，用役には総じて貯蔵性がなく，取得したと同時に費消してしまう点が挙げられます（**3章注22**を参照のこと）。

[51] 厳密には，一期間の労働の対価として発生したと認められる退職給付（**勤務費用**），期首の退職給付債務が時の経過により増価した分（**利息費用**），年金資産の運用によって生じると合理的に期待される計算上の収益（**期待運用収益**）などを加減算した金額を**退職給付費用**として費用計上します。詳しくは，平野智久［2018］『ケースブック財務会計』新世社，110-115頁を参照のこと。

44　6章　従業員に給与を支払いましょう

● **図表 6-2　退職給付に係る費用と負債との関係**

[仮に，現金主義にもとづくならば……]

①：	仕訳なし			
②：	（借）給与 [費用の発生]	90	（貸）普通預金	90
×60ヵ月				
③：	（借）退職金 [費用の発生]	600	（貸）普通預金	600

[一般的な仕訳は，簡便的な発生主義によっています。]

①：	仕訳なし			
②：	（借）給与 [費用の発生]	90	（貸）普通預金	90
×60ヵ月	（借）退職給付費用 [費用の発生]	10	（貸）退職給付引当金 [負債の増加]	10
③：	（借）退職給付引当金 [負債の減少]	600	（貸）普通預金	600

　営業収益の獲得に貢献すべく，種々の費用が毎期発生しています。退職一時金についても E 氏の退職時に突如として発生するものではなく，E 氏の60ヵ月に及ぶ勤務によって少しずつ発生するとみたほうが費用収益対応の原則にも適います（図表 3-7）。したがって，退職給付の性格は「従業員から労働用役を受け入れても支払の一部は将来に繰り延べている」という見方が合理的でしょう[52]。

　ただし，図表 6-2 に示された一般的な仕訳は簡便法であって，企業の経済活動を表現しきれていないように思われます。3.1 で学んだ材料と材料費との関係に鑑みれば，①従業員から労働用役を受け入れたと同時に費消していることと，②受け入れた労働用役の対価を支払うこととは，あくまで別個の経済事象とみるべきでしょう（図表 6-3）。

　費用が発生するためにどのような資産を費消しているのかが把握できなければ，人件費は現金の支出により発生する（つまり，現金主義）と錯覚しがちです。しかし，図表 6-3 をふまえると，材料費と人件費とでは「発生」について齟齬は生じていません。労働用役という［資産の減少］と同時に人件費という［費用の発生］を観念

---

[52]　会計学（財務会計論）においては「賃金後払説」と整理されています（ASBJ［2016］「退職給付に関する会計基準」53 項）。

6.1　人件費も発生主義により認識します　　**45**

● 図表6-3　材料費と人件費とにおける「発生」の捉え方

		材料と材料費	労働用役と人件費
①	資産の受入	（借）材料　100　（貸）買掛金　100	（借）労働用役 100　（貸）未払金　100
	資産の費消 ［費用の発生］	（借）材料費 100　（貸）材料　100	（借）人件費　100　（貸）労働用役 100
②	対価の支払	（借）買掛金 100　（貸）普通預金 100	（借）未払金　100　（貸）普通預金 100
	含意	買掛金勘定と未払金勘定とは，対象となる資産が主たる営業活動に係るか否かによります（図表6-9も参照のこと）。	労働用役は貯蔵性がないため，取得したと同時に費消してしまいます。ゆえに，網掛け部分は瞬間的におこなわれます。

● 図表6-4　人件費に係る正則的な仕訳

		一般的な仕訳（図表6-2）	本書の理解（図表6-3をふまえて）
①	資産の受入	仕訳なし	（借）労働用役 100　（貸）未払金　100
	資産の費消 ［費用の発生］	（借）給与　　90　（貸）普通預金　90	（借）人件費　　100　（貸）労働用役 100
②	給与の支払	（借）退職費　10　（貸）引当金　10	（借）未払金　　90　（貸）普通預金　90
③	退職金の支払	（借）引当金 600　（貸）普通預金 600	（借）未払金　600　（貸）普通預金 600
	議論（ⅰ） ［費用の発生］ についての含意	資産の費消と対価の支払とが区別されていません。ゆえに，給与90には現金主義の思考がみられます。 ただし，退職給付費用 10 を見積り計上している点は，少なくとも現金主義にはもとづいていません。	労働用役という資産を観念することで，資産の費消により［費用の発生］を捉える発生主義の思考が徹底されています。現金の支出は人件費の発生ではなく，未払金という［負債の減少］と結びつきます。
	議論（ⅱ） 負債勘定 についての含意	退職給付費用という［費用の発生］と同時に，条件付債務としての退職給付引当金 10 を認識します。	労働用役という［資産の増加］と同時に，確定債務としての未払金 10 を認識します。

する発生主義によった説明が成り立つはずです。この議論を敷衍すると，（ⅰ）給与と退職給付費用とを区別する意味や（ⅱ）退職給付に係る負債の性格についても，検討の余地があるでしょう（**図表6-4**）。

　本書の理解では発生主義が統一的な認識規準となっている一方で，一般的な仕訳における人件費の認識規準は理路整然としません。事実上，①と②とは同時に記録されることから，かように厳密な整理をおこなう必要性を感じづらいかもしれません。とはいえ，学問としては興味深い論点がみえてきます（**6.3**で検討しましょう）。

☞　通勤手当の認識規準は現金主義である，という見解の当否を検討しましょう。

※　労働用役の受入（費消）の多寡によって，認識する通勤手当の金額は異なるでしょうか。

46　　6章　従業員に給与を支払いましょう

■6.2 給与からの「天引き」とは

　給与に代表される人件費も他の費用項目と同じく発生主義によって認識されますが，その発生を記録する時点は便宜的に，支給日ないし期末とせざるを得ません（図表6-5）。なお，ひとしく「従業員給与」とはいっても，たとえば工場の製造部門に携わる者については賃金勘定を用いて処理したり，新製品の計画（設計）に携わる者については研究開発費勘定を用いて処理したり，実践は単純化しきれない部分もあります。

　図表6-5では，20X1年8月分の給与として従業員E氏に支給する総額183千円のうち通勤手当5千円を除いた178千円が課税対象となっています。所得税6千円や住民税10千円は納税義務者（納める人）と担税者（負担する人）とが一致する直接税であり，あくまでE氏の給与所得に応じてE氏が負担します。ただし，従業員ひとりひとりが税務署や年金事務所を訪れて納めることの煩雑さを勘案して，実践においては「天引き」がなされます。したがって，従業員ひとりひとりが負担している，という実感は湧きづらいかもしれません。以上をふまえると，図表6-5についての一般的な仕訳は次のとおりです。

● **図表6-5　給与明細書の例**

		給 与 期 間	20X1/8/1-8/31		氏　　名	E藤　M美	
		支 給 日	9/17		個人番号	No. 1002	
勤怠	労働日数 22.00	出勤日数 21.00	欠勤日数 0.00	時 間 外 0.50	有休取得 1.00	有 休 残 8.00	
支給	基 本 給 160,000	時間外手当 8,000	資 格 手 当 3,000		扶 養 手 当 0		
	住 宅 手 当 7,000	課税対象合計 178,000	非課税通勤手当 5,000		給与支給総額 183,000		
控除	健康保険料 3,800	厚生年金保険料 12,800	雇 用 保 険 料 400		社会保険料合計 17,000		
	所 得 税 6,000	住 民 税 10,000	控除額合計 33,000		差引支給額 150,000		
	給与支給累計 1,039,000	社会保険料累計 97,300	所 得 税 累 計 32,200				

● 図表 6-6　預り金の負債性

従業員から労働用役を取得：　（借）労働用役　　183,000　（貸）未払金　　　183,000
［E 氏から受け入れた労働用役 183 千円分は，すべて E 氏への未払金と捉える。］
労働用役の瞬間的な費消：　　（借）給与　　　　183,000　（貸）労働用役　　183,000

従業員へ対価を支払う：　　　（借）未払金　　　183,000　（貸）普通預金　　183,000
［E 氏への未払金について，全額を支払うと擬制する。］
従業員から徴収する：　　　　（借）普通預金　　 33,000　（貸）預り金　　　 33,000
［担税者である E 氏から受領したと擬制する。E 氏に代わって，後日に当社が支払う。］

税務署や年金事務所へ支払う：（借）預り金　　　 33,000　（貸）現金　　　　 33,000
［後日に E 氏からの預り金を納付することで，当社は義務から解放される。］

20X1 年 9 月 17 日：	（借）給与	183,000	（貸）預り金	33,000
	[費用の発生]		[負債の増加]	
			普通預金	150,000
20X1 年 10 月：	（借）預り金	33,000	（貸）現金	33,000
	[負債の減少]			

　　給与 183 千円は E 氏から受け入れた労働用役の対価であることから全額を費用とします。ただし，控除した 33 千円は預り金勘定（負債）を用いて処理します。E 氏へ 183 千円全額を支払ったうえで，即時に 33 千円を受け取ったと擬制してみれば，預り金の負債性を［調達源泉］の観点からも理解できるでしょう（**図表 6-6**）。

　　社会保険料は原則として，事業主と従業員（被保険者）とが半額ずつ負担します[53]。雇用保険も事業主と被保険者とが双方で負担しますが，労災保険は全額を事業主が負担します。事業主が負担する保険料は，法定福利費勘定（費用）を用いて処理します（**設例 6-2**）。

　　なお，従業員の慶弔や永年勤続表彰など法定外の福利厚生のための現金支出については，福利厚生費勘定（費用）を用いて区別します（**設例 7-1**）。本書の範囲ではありませんが，所得税法上は社会通念上相当と認められる額を超えてしまうと「給与」として課税されます[54]。

---

[53]　健康保険法 161 条；厚生年金保険法 82 条など。
[54]　たとえば，佐藤英明［2018］『スタンダード所得税法（第 2 版補正版）』弘文堂，167-175 頁。

[設例 6-2] A社における 20X1 年度の給与は，次のとおりです。

① 20X1 年度は給与 2,800 千円を費用として計上しました。なお，所得税 280 千円および社会保険料 200 千円を差し引いた 2,320 千円が普通預金口座から引き落とされています。

② 源泉徴収した所得税のうち 250 千円を税務署にて現金で納付しました。

③ 天引きした社会保険料のうち 160 千円，および A社の負担分として 180 千円，すなわち普通預金から 340 千円が引き落とされました。

● 図表 6-7　A社の 20X1 年度における給与に係る仕訳（まとめ）

①:	（借）	給与	2,800,000	（貸）	所得税預り金	280,000
					社会保険料預り金	200,000
					普通預金	2,320,000
②:	（借）	所得税預り金	250,000	（貸）	現金	250,000
③:	（借）	社会保険料預り金	160,000	（貸）	普通預金	340,000
		法定福利費	180,000			
		［費用の発生］				

☞ 所得税預り金や社会保険料預り金は，なぜ「負債」として取り扱われるでしょうか。
※ 会社と従業員，会社と税務署や年金事務所との関係を図示してみましょう。

■6.3　翌期に支払う従業員賞与を負債計上します

賞与の法的性格については，たとえば「定期又は臨時に，原則として労働者の勤務成績に応じて支給されるものであって，その支給額が予め確定されていないものをいう……定期的に支給され，かつその支給額が確定しているものは，名称の如何にかかわらず，これを賞与とはみなさない[55]」といった解釈がなされています。支給額が予め確定されていないもの，という賞与の特徴が会計学に与える影響を検討してみましょう。

[55]　労働次官通達（昭和 22 年 9 月 13 日，発基第 17 号）を現代語に直しています。

> **[設例 6-3]** 従業員賞与に関して，次の状況における仕訳をかんがえま
> しょう。
>
> 　当社は就業規則において，11 月から翌年 4 月の勤務に対する賞与を 6
> 月に支給する旨を定めています。決算（20X5 年 3 月末）に際して，20X5
> 年 6 月の支給見込額……
>
> ① 　……は確定していませんが，そのうち 100 円が当期に帰属する額と
> 　　判断されました。
> ② 　……は確定しており，支給対象期間に対応して 100 円と算定されま
> 　　した。
> ③ 　……は確定しており，部署別の成功報酬として 100 円と査定されま
> 　　した。

● **図表 6-8　設例 6-3 に関する仕訳**

①: 　（借）　賞与引当金繰入　　100　　（貸）　従業員賞与引当金　　100
　　　　　　　［潜在的な費用の発生？］　　　　　　　［潜在的な負債の増加？］
②: 　（借）　従業員賞与　　100　　（貸）　未払費用　　100
　　　　　　　［費用の発生］　　　　　　　［経過勘定（負債の部に計上）］
③: 　（借）　従業員賞与　　100　　（貸）　未払金　　100
　　　　　　　［費用の発生］　　　　　　　［負債の増加］

　　翌期に支払う従業員賞与については，支給額が確定しているか否
か，またその算定方法は何かによって表示科目を区別するように定
められています[56]。ただし，**図表 6-8** のような制度実践を「暗記」
してしまうと，学問的に重要な論点を見過ごしかねません。

　　はじめに，②および③は翌期の賞与支給見込額が確定していま
すが，両者は本質的には大きな相違があることを確認しておきま
しょう（**図表 6-9**）。②の未払費用勘定は，適正な期間損益を算定
するための経過勘定として負債の部に計上されたに過ぎません。し
たがって，翌期首には再振替仕訳をおこなうことで［費用のマイナ

---

[56]　JICPA［2001］「未払従業員賞与の財務諸表における表示科目について」を参照のこと。

50　　6 章　従業員に給与を支払いましょう

● 図表 6-9　未払費用と未払金との相違点

	未払費用	未払金
概要	一定の契約に従って継続的に役務の提供を受ける場合に、支払日が到来せずに期末を迎えたためにすでに受け入れた役務の対価を支払っていない状態を表しています。	財貨用役を取得したときに、その対価を支払う義務が確定している債務を表しています。ただし、主たる営業活動に係る債務は買掛金勘定を用いて処理します。
認識	決算整理の一環として、 (借)［費用の発生］xxx（貸）未払費用 xxx	期中に財貨用役を取得した時点で、 (借)［資産の増加］xxx（貸）未払金 xxx
消滅	翌期首に再振替仕訳として、 (借) 未払費用 xxx（貸）［費用のマイナス発生］xxx	期中に代金を決済した時点で、 (借) 未払金　　 xxx（貸）現金　　xxx
参照箇所	企業会計審議会［1982］「企業会計原則」注解 5(3)	―

ス発生］と同時に消滅させてしまいます[57]。

　他方で、③の未払金勘定は歴とした確定債務であり、代金を決済するまで消滅しません。本来ならば財貨用役を取得した時点で認識するはずですが、人件費は期末に仕訳せざるを得ない実践に鑑みれば、齟齬は生じていません（図表 6-4）。いずれにしても、支給見込額が確定している②と③とについては、20X5 年 3 月までに従業員から相応の労働用役を受け入れて費消しており、従業員賞与 100円を期間費用として認識できるでしょう。

　つづいて、支給見込額の確定していない①を検討してみましょう。一般的に、(1) いつ、(2) いくら、(3) 誰に支払うか、みっつの要件が揃わない場合には条件付債務としての負債性引当金を計上します。当社の販売した製品が一定期間内に故障したときに修繕をおこなう「製品保証引当金」を例に、引当金を認識するための 4 要件を整理しましょう（図表 6-10）。

　たとえば、将来に発生が予想される大地震に備えて合理的な損失額を見積り、災害損失引当金を計上することはできません[58]。係属中の訴訟における損害賠償義務についても、敗訴の可能性が低い場

---

[57]　設例 6-3 では、20X5 年 4 月 1 日の仕訳は［(借) 未払費用 100（貸）従業員賞与 100］となります。20X5 年 6 月に［(借) 従業員賞与 120（貸）普通預金 120］といった仕訳をおこなうことで、20X5 年度の費用計上額を差引 20 円とします。しかし、［費用のマイナス発生］は［費用の取消］とは異なります。はたして、企業の経済活動を正しく表現できるといえるでしょうか。

[58]　要件 (2) を満たしていないことから引当金の計上は認められず、損益計算の枠外で［(借) 繰越利益剰余金 xxx（貸）災害対策積立金 xxx］といった仕訳をおこないます。

6.3　翌期に支払う従業員賞与を負債計上します　51

● 図表 6–10　引当金の認識要件 [59)]

要件	含意（製品保証引当金の場合）
(1)　将来の特定の費用又は損失である。	将来に修繕を依頼されたときに，修繕用役を費消します。
(2)　その発生が当期以前の事象に起因する。	将来に故障し得る製品を当期に販売しています。
(3)　発生の可能性が高い。	各企業では，過年度の故障実績を把握しています。
(4)　金額を合理的に見積ることができる。	(3) と同様に，過年度の実績により見積ります。

合には偶発債務としての注記開示に留まります [60)]。

　図表 6–10 の例では，将来の修理保証費用そのものは未発生であっても 4 要件を満たしているならば，[（借）製品保証引当金繰入 xxx（貸）製品保証引当金 xxx］といった仕訳をおこなうことで，当期および翌期以降の期間損益を適正に算定できるものと理解されています [61)]。そして，かような未発生費用の「見合い」として計上される製品保証引当金は，将来に修理保証を求められるまでは顕在しない［潜在的な負債の増加］とみてよいでしょう [62)]。

　それでは，設例 6–3 ①で計上された賞与引当金繰入も未発生費用であり，また，貸方の従業員賞与引当金は［潜在的な負債の増加］と理解してもよいでしょうか（図表 6–11）。

　本書の理解によれば，支給額が確定しているか否かによって労働用役の実相は変わることはなく，翌期に支給する従業員賞与に係る

---

59)　企業会計審議会［1982］「企業会計原則」注解 18 を参照のこと。

60)　現時点で 4 要件を満たしていなければ引当金の計上は認められませんが，将来に要件 (3) や (4) を満たすと ［（借）費用の発生 xxx（貸）負債の増加 xxx］として処理するおそれがあることが注記によって示されています（平野智久［2018］『ケースブック財務会計』新世社，93–95 頁も参照のこと）。

61)　たとえば，番場嘉一郎［1982］「新企業会計原則の公表とその意義」『企業会計』34(6)，72–80 頁。

62)　ただし，なぜ［潜在的な負債の増加］を「現在」の貸借対照表に負債として計上できるのでしょうか。そして，かような引当金は何らかの［調達源泉］として他の負債項目と同一に取り扱えるのでしょうか。こういった疑問は，ひいては，引当金の負債性を揺るがしかねないようにも思われます。
　なお，海外においては「修理保証期間が満了するまで修繕用役を準備しておかねばならない」といった考え方にもとづいて待機義務という新しい概念が提案されましたが（たとえば，2010 年 9 月発行の『企業会計』62(9) に特集された論攷を参照のこと），議論の進展はなかなかみられません。

52　　6 章　従業員に給与を支払いましょう

● 図表 6-11　従業員賞与に係る正則的な仕訳

①:	（借）	賞与引当金繰入	100	（貸）	従業員賞与引当金	100
②:	（借）	従業員賞与	100	（貸）	未払費用	100
③:	（借）	従業員賞与	100	（貸）	未払金	100

☞　いずれも，正則的な仕訳は……

労働用役の取得：	（借）	労働用役	100	（貸）	未払金	100
		［資産の増加］			［負債の増加］	
その瞬間的な費消　：（借）		従業員賞与	100	（貸）	労働用役	100
		［費用の発生］			［資産の減少］	

　　労働用役の取得および費消は当期中に完了しているはずです。すなわち，①の賞与引当金繰入も歴とした［費用の発生］であって，労働用役という［資産の減少］に伴って発生する観点では②や③と変わりません[63]。未払金（確定債務）と引当金（条件付債務）とは叙上の要件が揃っているか否かが線引きとなるようですが，（貸方の）確定額か見積額かという相違が（借方の）［費用の発生］が顕在しているか潜在的なものかという性格を左右することはないと思われます[64]。

☞　国際的な会計基準（IFRSs）では，期末において未消化の有給休暇について負債計上する旨が定められています（図表6-1）。わが国の企業がIFRSsを任意適用した場合，当該負債は「未払金」「未払費用」「引当金」「その他」のいずれが妥当か，検討しましょう。

　　（付記）本章の内容は，平野智久［2018］『ケースブック財務会計』新世社，64-68頁；83-85頁と重複している部分があります。

---

[63]　かような議論に関連し，図表6-10の要件（1）については，「将来の特定の損益的支出であること」と言い換えたほうが理屈の筋が通るのではないか，といった指摘もなされています（藤井秀樹［2019］『入門財務会計（第3版）』中央経済社，158頁）。

[64]　賞与引当金繰入の性格については，松本敏史［1982］「賞与引当金の設定と未払賞与の認識」『同志社商学』34(3)，111-134頁に興味深い議論が展開されています。

6.3　翌期に支払う従業員賞与を負債計上します　　53

7章
各種の損益項目を現金収支にもとづいて処理します

■7.1　会食代金は「経費」とできるでしょうか

　　日常用語としての「経費」とは，企業の経済活動を円滑におこなうために必要な費用，とでも言い表せるでしょう。このうち法人税法における交際費等とは，得意先，仕入先その他事業に関係のある者等に対する接待，供応，慰安，贈答その他の支出（ただし，**図表7-1**に該当するものを除く）を指します。

● **図表7-1　交際費等から除外される費用** [65]

(1)　専ら従業員の慰安のためにおこなわれる運動会や旅行などのために通常要する費用
(2)　飲食その他これに類する行為のために要する費用（専ら当該法人の役員若しくは従業員又はこれらの親族に対する接待等のために支出するものを除く）であって，1人当たりの金額が5千円以下の費用
(3)　カレンダーや手拭いその他に類する物品を贈与するために通常要する費用
(4)　会議に関連して，弁当その他に類する飲食物を供与するために通常要する費用
(5)　新聞，雑誌等の出版物又は放送番組を編集するために行われる座談会その他記事の収集のために，又は放送のための取材に通常要する費用

[設例7-1]　A社における20X1年度の会食代金は，次のとおりです。
①　20X1年度の会食代金80千円をすべて「会議費」として処理していました。
②　①のうち37千円分については，1人当たり5千円を超えていたことが判明しました。

---

[65]　租税特別措置法61条の4第4項；租税特別措置法施行令37条の5を要約しています。

54

③　②を除いた43千円分については，全従業員が参加した忘年会への支出と判明しました。

● **図表7-2　会食代金に係る勘定科目**

①：　　（借）会議費　　80,000　　　（貸）現金　　　80,000
　　　　　　［費用の発生］
②：　　（借）交際費　　37,000　　　（貸）会議費　　37,000
　　　　　　［費用の発生］　　　　　　　　　　［費用の取消］
③：　　（借）福利厚生費　43,000　　（貸）会議費　　43,000
　　　　　　［費用の発生］　　　　　　　　　　［費用の取消］

　同じ会食代金であっても，従業員の慰労を目的としていれば福利厚生費勘定（費用）を用いて処理します。人件費の一種であることは明らかですが，企業が受け入れる（た）労働用役の対価として支払ったかどうかは議論の余地があるかもしれません（図表6-1）。

☞　図表7-2をみた某君は，「会議費や交際費，福利厚生費の認識規準は現金主義である」と言いました。この見解の当否について検討しましょう。

■7.2　店舗用に空き部屋を賃借します

　わが国において物件を賃借する場合には，月々の賃料に加えて敷金や礼金を支払う慣行があります。賃貸借が終了して賃貸物の返還を受けた賃貸人は，受け取っていた敷金の額から未払の賃料があればそれを差し引いた残額を支払う義務があることが明文化されています[66]。これに対して，賃貸借契約の当初に支払ったまま返還されない礼金については未だに法的な定めがありません。それでは，会計上の取扱をみてみましょう（設例7-2）。

---

[66]　2020年4月施行の改正民法622条の2。ここでの「敷金」とは，いかなる名目によるかを問わず，賃料などの債務を担保する目的で，賃借人が賃貸人に交付する金銭を指しています。また，通常の使用及び収益によって生じた損耗や経年変化について，賃借人が原状回復義務を負わない旨も定められました。

[設例 7-2] A 社（決算日：3 月末）は店舗用に空き部屋の賃借を決めました。

① 20X1 年 9 月に，翌 10 月 1 日から 2 年間の賃貸借契約を結びました。このとき，8ヵ月分の家賃 960 千円，敷金 360 千円，礼金 120 千円，合わせて 1,440 千円が普通預金口座から引き落とされています。

② 20X2 年 3 月末となったので，①について決算整理をおこないます。

③ ②について，翌期首に再振替仕訳をおこないます。

● **図表 7-3　不動産の賃貸借契約に係る仕訳**

①：	（借）支払家賃	960,000	（貸）普通預金	1,440,000
	［費用の発生］			
	差入保証金	360,000		
	［資産の増加］			
	権利金	120,000		
	［資産の増加］			
②：	（借）前払費用	240,000	（貸）支払家賃	240,000
	［経過勘定（資産の部に計上）］		［費用の取消］	
	（借）権利金償却	30,000	（貸）権利金	30,000
	［費用の発生］		［資産の減少］	
③：	（借）支払家賃	240,000	（貸）前払費用	240,000
	［費用の発生］		［経過勘定の消滅］	

　　賃貸借契約を締結しただけでは財産の変動はありません。しかし，設例 7-2 ①では契約と同時に普通預金口座から 1,440 千円が引き落とされており，その内訳を実態に応じて区分する必要があります。はじめに，8ヵ月分の家賃 960 千円は支払家賃勘定（費用）を用いて処理します。本来は，時の経過とともに賃借物件（用役）を費消し，同時に家賃を支払う義務が生じます。将来にわたる家賃を前払した場合にそのすべてを費用とする仕訳は，あくまで実践上の簡便法と捉えなければならないでしょう。期中の仕訳が便宜的であるがゆえに，②の決算整理が不可欠となります（図表 7-4）。

　　つづいて，家賃以外の部分は「投資その他の資産」の区分に計上されます（図表 8-5）。具体的には，契約が満了すると返還される

56　　7 章　各種の損益項目を現金収支にもとづいて処理します

● 図表 7-4　前払費用の論理[67]

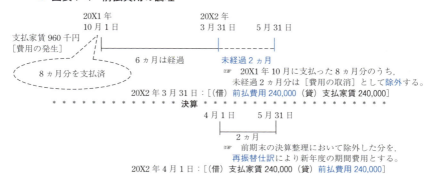

敷金は，差入保証金勘定（資産）を用います。賃借人の責めに帰する損傷が生じた場合には，原状回復のための実費が差し引かれます。そのような事由がなければ預けていた金額がそのまま戻ってくる（将来的には現金の流入を伴う）ため，設例 7-2 においては契約が満了するまで 360 千円を計上し続けます[68]。

これに対して，支払ったきり返還されることのない礼金は，権利金勘定（資産）を用います。礼金 120 千円を支払ったことで 2 年間の賃貸借契約を結ぶことができたと捉えるならば，当該支出は 20X1 年 10 月から 2 年間にわたって効果が及んでいるといえるでしょう。したがって，設例 7-2 では 6 ヵ月分だけ償却（時の経過に応じて費用化）させることで適正な期間損益の算定が可能となります。

☞　図表 7-4 をみた某君は，「20X2 年 5 月末までの賃料が支払済のために決算整理において計上した前払費用 240 千円は，図表 5-1 で示された前渡金と同じ性格ですね」と言っています。この見解の当否について検討しましょう。

---

[67]　支出日から 1 年以内に役務提供の終わる短期前払費用は，全額を損金算入できる法人税務上の例外もあり（図表 8-1），実践においては省略する場合もあります。
[68]　なお，賃貸人の支払能力から回収不能と見込まれる金額がある場合には，貸倒引当金を設定する必要があります（JICPA [2018]「金融商品会計に関する実務指針」133 項）。

7.2　店舗用に空き部屋を賃借します　　57

■7. 3　固定資産の減価償却とは

　企業は建物や備品といった有形固定資産に対して，将来の収益獲得への貢献を期待して投資をおこないます（特許権などの法律上の権利やソフトウェアのように，実体をもたない無形固定資産も同様です）。固定資産を長期にわたって利用することで，その資産価値は徐々に下落していくでしょう[69]。この下落が規則的であるとみなして，毎期末に費用を認識する手続を減価償却といいます。

　固定資産の取得には現金の支出を伴います。その支出を当期と翌期以降とに費用配分することで，期間損益の平準化を図っています。すなわち，長期にわたる資産の利用によって収益を獲得するならば，費用収益対応の原則によるべし，という発生主義の思考がみられます（図表3-7）。

> [設例 7-3] A社（決算日：3月末）は20X1年4月5日に備品600千円を購入しています（図表2-4）。この備品は，5年間にわたり使用する予定です。定額法による減価償却（残存価額は零，償却率0.200）をおこないましょう。

　減価償却方法の決定には，(a) その資産が何年間使えるのか（耐用年数の決定），(b) 使用終了後には処分価値があるのか（残存価額[70] の推定），(c) 価値の下落はどのような曲線を描くか，といった仮定を必要とします。(c) について，設例 7-3 では「毎期同じ金額だけ減価する」と仮定した定額法を採用しています。「今後5年間にわたって120千円の固定費がかかる」といったように，経営者としては最も直感的に捉えやすい費用配分の方法といえるでしょう。残存価額を零とした定額法償却率は，1÷耐用年数によって求められます（小数点以下第3位未満は切り上げます）。耐用年

---

[69]　ここでは日常用語としての「価値」を指しており，学術的な用語法ではありません。

[70]　法人税務において，残存価額の概念は既に廃止されています。したがって多くの企業では，2007年4月1日以後に取得した資産について，残存価額を零とした減価償却がおこなわれていると推察されます。

58　　7章　各種の損益項目を現金収支にもとづいて処理します

● **図表 7-5　備品に係る減価償却および帳簿価額の推移**

取得時：　（借）備品　　　　　　600,000　　　（貸）当座預金　　　　　　600,000
　　　　　　　　　［資産の増加］
期末：　　（借）減価償却費　120,000　　　　（貸）備品減価償却累計額　120,000
　　　　　　　　　［費用の発生］　　　　　　　　　　　　　［資産の減少］

	期首帳簿価額	減価償却費	減価償却累計額	期末帳簿価額
20X1 年度	600,000	120,000	△120,000	480,000
20X2 年度	480,000	120,000	△240,000	360,000
20X3 年度	360,000	120,000	△360,000	240,000
20X4 年度	240,000	120,000	△480,000	120,000
20X5 年度	120,000	119,999	△599,999	1

● **図表 7-6　備品に係る減価償却累計額の表示**

20X2 年度末時点での財務状況（一部）

（有形固定資産）		
備　　　　　品	600,000	
備品減価償却累計額	△240,000	360,000
（販売費及び一般管理費）		
減　価　償　却　費		120,000

間接法は取得原価600 千円の表示が維持されており，財産管理の観点からも望ましい。

数が経過すると減価償却累計額は 600 千円に達しますが，除却や廃棄をおこなうまでは備忘価額 1 円を付しておきます（図表 7-5）。

　定額法のほかにも，幾つかの減価償却方法を選択できます[71]。どの方法を採用するかによって減価償却費は変わり，ひいては期間損益や備品の未償却原価も変わります。しかし，そもそも取得原価を配分した結果を貸借対照表に示しているだけであって，資産価値を直接に測定しているわけではありません[72]。あくまで仮定の計算ですから，むやみに方法を変更することは認められず，選択した会計方針は継続的に適用することが求められています（継続性の原則）。

---

[71] 設例 7-3 について，法人税務において認められている 200%定率法を用いると，図表 7-5 は次のように変わります（平野智久［2018］『ケースブック財務会計』新世社，133–135 頁も参照のこと）。定額法の場合とどのように異なっているかを図示してみましょう。

	期首帳簿価額	減価償却費	減価償却累計額	期末帳簿価額
20X1 年度	600,000	240,000	△240,000	360,000
20X2 年度	360,000	144,000	△384,000	216,000
20X3 年度	216,000	86,400	△470,400	129,600
20X4 年度	129,600	64,800	△535,200	64,800
20X5 年度	64,800	64,799	△599,999	1

[72] いずれにしても，「使用実態を適切に反映した減価償却方法を採用している」と判断されるならば，適正な期間損益の算定がなされたとみなします（相対的な真実といいます）。

7.3　固定資産の減価償却とは　　**59**

☞ 設例 7-3 の耐用年数が 2 年，3 年，4 年，6 年，8 年……，それぞれの場合における減価償却費および期末帳簿価額の推移について，図表 7-5 に倣って確認しましょう。
※ 縦軸に備品の未償却原価，横軸に時間（年）をとって図示すれば，なおわかりやすいでしょう。

■7.4 消耗品や郵便切手を購入します

7.2 では支払家賃勘定を例に，適正な期間損益の算定を目的として，支出額を当期の費用と翌期の費用とに期間配分する手続を概観しました。もっとも，実践においては，厳密な会計処理によらないで他の簡便な方法によることも認められています（図表 7-7）。

たとえば，取得価額が 10 万円未満，もしくは耐用年数が 1 年未満の物品を購入した場合を想定しましょう。正則的には，購入時には消耗品という［資産の増加］として処理したうえで，費消時または期末に［費用の発生］を記録するはずです。ところが，実践においては購入時に消耗品費勘定（費用）を用いて処理したまま，期末の未使用分を加味しません。これも重要性の原則を適用した簡便法といえます（設例 7-4）。

［設例 7-4］ A 社は 20X1 年度に 220 千円分の消耗品を購入し，代金は小切手を振り出して支払いました。期末には 5 千円分が未使用であることが判明しています。

● 図表 7-7 重要性の原則を適用した簡便法の例[73]

(1) 消耗品，消耗工具器具備品その他の貯蔵品等のうち，重要性の乏しいものについては，その買入時または払出時に費用として処理する方法を採用することができる。
(2) 前払費用，未収収益，未払費用及び前受収益のうち，重要性の乏しいものについては，経過勘定項目として処理しないことができる。
(3) 引当金のうち，重要性の乏しいものについては，これを計上しないことができる。
(4) 棚卸資産の取得原価に含められる引取費用，関税，買入事務費，移管費，保管費等の付随費用のうち，重要性の乏しいものについては，取得原価に算入しないことができる。
(5) 分割返済の定めのある長期の債権又は債務のうち，期限が 1 年以内に到来するもので重要性の乏しいものについては，固定資産又は固定負債として表示することができる。

7章 各種の損益項目を現金収支にもとづいて処理します

● 図表 7-8　消耗品費についての仕訳例

	理論的な正則法	実践における簡便法
購入時	（借）消耗品　220,000　（貸）当座預金 220,000 　　　[資産の増加]	（借）消耗品費　220,000　（貸）当座預金　220,000 　　　　　　[費用の発生]
期末	（借）消耗品費 215,000　（貸）消耗品　215,000 　　　[費用の発生]　　　　　　[資産の減少]	（借）貯蔵品　　　5,000　（貸）消耗品費　　　5,000 　　　[資産の増加]　　　　　　[費用の取消]
翌期首	再振替仕訳はありません。 消耗品を費消した時点で費用を認識します。	（借）消耗品費　　　5,000　（貸）貯蔵品　　　　5,000 　　　[費用の発生]　　　　　　[資産の減少]

　図表 7-8 の現金支出 220 千円は，期中の費消分は 215 千円，期末
の未使用分は 5 千円，といったように配分することで「正確」な期
間損益を算定できます。しかしながら，実践においては網掛け部分
の仕訳をおこないません。金額的な規模は相対的に小さく，全額を
費用計上しても「適正」な期間損益を算定できるものとみなされて
います。

　消耗品費のように重要性の原則を適用した実践例がある一方で，
それを認めがたい事例もあります。たとえば，郵便切手や収入印紙
を購入したときにも[費用の発生]として処理します。これらは換
金性が相対的に高いことから，期末における未使用分は貯蔵品勘定
（資産）に振り替えなければなりません（設例 7-5）[74]。

[設例 7-5] A 社は 20X1 年度に郵便切手 30 千円および収入印紙 20 千円を
現金で購入しました。なお，期末には郵便切手 5 千円分が未使用のため，
決算整理をおこないます。

　郵便代やインターネットなどへの支出は，通信費勘定（費用）を
用いて処理します。設例 7-5 では期末の未使用分 5 千円について
[費用の取消]をおこなうとともに，貯蔵品勘定を用いて[資産の
増加]として記録しています。短期前払費用の例外処理や消耗品の

---

[73]　企業会計審議会［1982］「企業会計原則」注解 1。
[74]　山田真哉［2004］『女子大生会計士の事件簿 Dx.1』角川書店，7-36 頁も参照のこと。

7.4　消耗品や郵便切手を購入します　　**61**

● 図表 7-9　未使用の郵便切手や収入印紙に係る仕訳

購入時：	（借）	通信費	30,000	（貸）現金	50,000
		[費用の発生]			
		租税公課	20,000		
		[費用の発生]			
期末：	（借）	貯蔵品	5,000	（貸）通信費	5,000
		[資産の増加]		[費用の取消]	
翌期首：	（借）	通信費	5,000	（貸）貯蔵品	5,000
		[費用の発生]		[資産の減少]	

　　一括費用処理とは異なり，未使用分を歴とした資産勘定を用いて処理している点を強調しておく必要があるでしょう [75]。

　　また，印紙税（収入印紙の代金）や固定資産税などについては租税公課勘定（費用）を用いて処理します。日常用語でいうところの「経費」と認められるこれらの税金は，その支出時に費用として計上します [76]。しかしながら，とくに法人税等は［収益 − 費用 = 利益］の枠外で算定される点に留意してください（図表8-1）。

☞　図表7-9における［（借）貯蔵品5,000（貸）通信費5,000］といった決算整理は，何を目的としておこなわれるのでしょうか。

■7.5　その他の損益項目

　　これまでの設例からは，（a）各種のいわゆる「経費」は現金の支出にもとづいて［費用の発生］を認識し，（b）決算整理において［費用の取消］を記録して適切な期間に配分する，といった理屈を学びました。振り返ってみれば，商品売買における三分法も，期中の商品仕入高を売上原価（当期の費用）と繰越商品（翌期の費用）とに配分することで適正な期間損益の算定を試みており（図表4-2），基本的な考え方は同じといえるでしょう。

---

[75]　貯蔵品勘定は，練習問題（7.4）⑥のように，除却した資産の処分価値にも用います。
[76]　消費税（税抜方式）については，図表4-10を参照のこと。

62　　7章　各種の損益項目を現金収支にもとづいて処理します

決算整理は期中の記録が簡便であった場合や，期末に新たな事態が判明した場合におこなわれます。実践においては，貸借対照表や損益計算書といった財務諸表の作成には不可欠といえるでしょう。以下では，幾つかの設例をつうじて補足的に解説します。

[設例 7-6] A 社の決算に際して，手許現金の実際有高は 600 千円でした。ところが，期末の帳簿残高は 620 千円です。差異の原因を調査しましたが，最終的に明らかにならないままでした。

20X2 年 3 月 31 日：　　（借）雑損失　　20,000　　（貸）現金　　20,000
　　　　　　　　　　　　　　　　　［費用の発生］

　　普通預金は預入や引出が通帳に記録されますが，手許現金は企業内部で緻密に記録しておくほかありません（**図表 1-6**）。それでもズレが生じてしまった場合には，その原因を調査したうえで [77]，**最終的な会計記録を実際有高に修正**します。

[設例 7-7] A 社は 20X1 年度に 4,600 千円の商品を仕入れ，そのうち 4,000 千円分について払い出しています。期末となって実地棚卸をおこなったところ，（1）正常な範囲を逸脱する紛失 60 千円，（2）型落ちや軽微な損傷などの評価損 3 千円が判明しました。

20X2 年 3 月 31 日：　　（借）棚卸減耗損　　60,000　　（貸）商品　　60,000
　　　　　　　　　　　　　　　　　［費用の発生］
20X2 年 3 月 31 日：　　（借）商品評価損　　3,000　　（貸）商品　　3,000
　　　　　　　　　　　　　　　　　［費用の発生］
　　　　　　　　　　　　（借）売上原価　　3,000　　（貸）商品評価損　　3,000
　　　　　　　　　　　　　　　　　［費用の発生］　　　　　　　　　［費用の取消］

　　期末商品棚卸高 600 千円について実地棚卸をおこなうことで，在庫数量が記録どおりであるか，商品価値の下落がないか，などを確認することができます。数量が不足している分については**棚卸減耗損**勘定（費用）へ，商品価値の下落については**商品評価損**勘定

---

77) 現金過不足勘定を設けたうえで差異の原因を調査する方法もありますが，本書では省略します。

7.5　その他の損益項目　　**63**

● 図表 7-10　棚卸資産の期末評価

20X1 年度の［総勘定合計表］（決算整理前）

（流動資産）	
商　　　　品	600,000
（営業費用）	
売 上 原 価	4,000,000
合　計	4,600,000

現金取引により商品 900 千円を仕入れ，800 千円分を払い出しています（設例4-2；図表4-4）。また，掛取引により商品 3,700 千円を仕入れ，3,200 千円分を払い出しています（図表 5-1；図表 5-2；図表 5-3）。以上より，売上原価 4,000 千円，期末在庫 600 千円と算定されます。

20X1 年度の［総勘定合計表］（決算整理後）

（流動資産）	
商　　　　品	537,000
（営業費用）	
売 上 原 価	4,003,000
（特別損失）	
棚 卸 減 耗 損	60,000
合　計	4,600,000

災害や盗難など，通常の営業活動では生じない原因による棚卸減耗損については特別損失に掲記します（図表 8-7）。また，時の経過による型落ちや軽微な損傷による商品評価損については売上原価に含めて処理します。
いずれにしても，期末商品棚卸高を減少させる要因です。

（費用）へ記録することで，期末の在庫は正しく評価されます（図表 7-10）。

[設例 7-8]　①および②の「経費」について，仕訳をかんがえましょう。

①　A 社（決算日：3 月末）は 20X1 年度に水道光熱費 1,080 千円を普通預金口座から引き落とされています。決算に際して，20X2 年 3 月分の水道光熱費として 81 千円（4 月中旬に引き落とし予定）を見越し計上することを決めました。

②　20X2 年 3 月中旬に，翌月からの「新生活応援セール」を顧客に周知するため，地元紙へ広告を掲載しました。4 月上旬になってから，59 千円の請求書が届きました。

継続企業の公準を前提として，人為的に会計期間を区切る現代の財務会計においては（図表 1-2），期中に費用計上しなければならない「経費」を支払っていないまま期末をむかえることもあります。設例 7-8 はいずれも，決算手続において［費用の発生］を追加的に認識せざるを得ない状況です。もっとも，①の水道光熱費は継続的

● 図表 7-11　継続的に提供される役務であるか否か

① 期中：　　（借）水道光熱費　1,080,000　（貸）普通預金　　　1,080,000
　　　　　　　　　　［費用の発生］

　　期末：　　（借）水道光熱費　　81,000　（貸）未払費用　　　　81,000
　　　　　　　　　　［費用の発生］　　　　　　　　　［経過勘定（負債の部に計上）］

＊ ＊ ＊ ＊ ＊ ＊ ＊ ＊ ＊ ＊ 決算 ＊ ＊ ＊ ＊ ＊ ＊ ＊ ＊ ＊ ＊ ＊

　　翌期首：　（借）未払費用　　　81,000　（貸）水道光熱費　　81,000
　　　　　　　　　　［経過勘定の消滅］　　　　　　　［費用のマイナス発生］

　　支出時：　（借）水道光熱費　　81,000　（貸）普通預金　　　81,000
　　　　　　　　　　［費用の発生］

② 期末：　　（借）広告宣伝費　　59,000　（貸）未払金　　　　59,000
　　　　　　　　　　［費用の発生］　　　　　　　　　［負債の増加］

　　翌期首：　再振替仕訳はありません。

に提供される役務に係る契約ですが，②の広告宣伝費は単発の契約です。対象となる契約の性質によっても未払費用か未払金かを区別する点を確認しておきましょう[78]。

> [設例 7-9] A 社は B 銀行の普通預金口座について，いまだ利息を受け取っていません。当期に帰属する受取利息を 4 千円と見積った場合の決算処理を検討してください。

　金融業や保険業の法人は扨措き，小売業を営む A 社の場合には，1 年以内の一定の期間ごとに期日の到来する預金利息について，期末には何も処理することなく，入金時に受取利息勘定（収益）を用いて処理する旨が法人税務において認められています[79]。

　たしかに，適正な期間損益の算定という観点からは，当期に帰属する受取利息を見積り計上する一定の意義がありそうです。しかし，利息の受領が相対的に確実な定期預金や貸付金であればともかくも，普通預金ではそうもいきません。設例 7-9 については，利益の過大計上を戒める保守主義の原則に鑑みて「仕訳なし」が妥当かもしれ

---

[78]　②について「未払費用」を計上した読者は，図表 6-9 に戻って検討しなおしましょう。
[79]　法人税法基本通達 2-1-24。

7.5　その他の損益項目　　65

ません[80]。

> ☞ 設例 7-9 について，決算整理をおこなう場合はどのような仕訳となるでしょうか。さらに，その仕訳をおこなった影響はどこに現れるかについても検討しましょう。

（付記）本章の内容は，平野智久［2018］『ケースブック財務会計』新世社，44 頁；127–128 頁；142 頁と重複している部分があります。

---

[80] この点については，次のような論攷も有意義でしょう。山桝忠恕［1954］「未収収益について」『企業会計』6(10)，38–41 頁；黒澤清［1958］「前受収益と未収収益（二）」『産業経理』18(5)，6–9 頁。

8章
財務諸表を作成しましょう

■8.1　税引前当期純利益から法人税等を計算します

　決算手続の締めくくりとして，企業の「もうけ」に課される法人税，住民税及び事業税（法人税等）を学びましょう。企業会計とは目的を異にする法人税務上の「もうけ」とは，［益金－損金＝所得金額］として定義されます。もっとも，実践においては叙上の定義に則った計算はおこなわず，株主総会で承認された［収益－費用＝税引前当期純利益］に調整を施すことで，所得金額を導出しています（確定決算主義といいます）。こうして求められた所得金額に法定実効税率[81]を乗じて，納めるべき法人税等が計算されます（図表8-1）。

● 図表8-1　税引前当期純利益から所得金額への調整

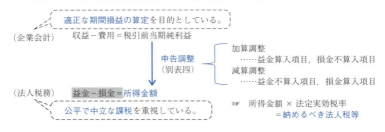

---

[81]　都道府県や市町村に納める住民税や事業税の一部は，法人税額にもとづいた算定がなされます。したがって，〔法人税率×（1＋地方法人税率＋住民税率）＋事業税率〕÷（1＋事業税率）によって求められる法定実効税率が重要です。国際的にみて相対的に高いとされてきたわが国でも，2018年度は29.74％（標準税率）まで引き下げられています。

申告調整のうち，損金不算入項目……すなわち，企業会計においては費用として計上していても，法人税務においては損金と認められない項目は頻繁に登場します。たとえば 7.1 で学んだ交際費等は，「販売促進」の効果をもたらし得る一方で「冗費」ともなりかねません。したがって，法人税務においては「法人が 2014 年 4 月 1 日から 2020 年 3 月 31 日までの間に開始する各事業年度において支出する交際費等の額のうち接待飲食費の額の 50％に相当する金額を超える部分の金額は，当該事業年度の所得の金額の計算上，損金の額に算入しない」といった定めがなされています（設例 8-1）[82]。

[設例 8-1] TB 社（決算日：3 月末）における 20X5 年度の経営成績は諸収益 600 千円，諸費用 540 千円でした。諸費用には交際費 50 千円が含まれていますが，損金算入限度額を 20 千円超過しています。法定実効税率を 30％として，損益計算書を完成させましょう。

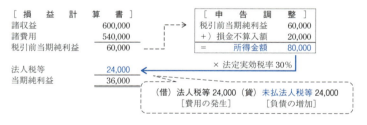

● 図表 8-2　TB 社における 20X5 年度の損益計算書および申告調整

企業会計において交際費 50 千円を費用計上していても，法人税務において 30 千円しか損金として認められない場合には，所得金額の算定において損金算入限度超過額 20 千円を加算調整しなければなりません（図表 8-2）。これによって算定された所得金額 80 千

---

[82] 租税特別措置法 61 条の 4。

円に法定実効税率30%を乗じた24千円が当期の法人税等として損益計算書に計上されます。法人税等が税引前当期純利益に占める割合を税負担率といいます。設例 8-1 の税負担率は40%であり，法定実効税率30%と一致しません。交際費のように企業会計と法人税務とのズレが将来にわたって解消されることのない永久差異では，必然的に生じる不一致です[83]。

☞ 損金不算入項目など，企業会計と法人税務との間に調整が生じる理由は何でしょうか。

■8.2　貸借対照表では企業の安定性が示されます

　本書で幾度となく言及しているように，企業の日常的な経済活動は正則的な仕訳によって記録し（図表 1-5），その結果を総勘定合計表に集約することができます（図表 1-3）。そして，期末の財政状態を表す貸借対照表と期中の経営成績を表す損益計算書とに分離することで，当期純利益を算定できました（図表 1-4）。

　それでは，図表 8-3 に示された取引一覧を参照しながら財務諸表を作成してみましょう。このうち図表 2-1 から設例 7-8 までの段階で，20X1 年度の税引前当期純利益は 320 千円となります。企業会

● 図表 8-3　A 社における 20X1 年度の取引一覧

【2章】　図表 2-1；図表 2-2；図表 2-3；図表 2-4
【4章】　図表 4-4；図表 4-8
【5章】　図表 5-1；図表 5-2；図表 5-3；図表 5-4；図表 5-5；図表 5-6
【6章】　図表 6-7
【7章】　図表 7-2；図表 7-3；図表 7-5；図表 7-8；図表 7-9；設例 7-6；設例 7-7；設例 7-8，
　　　　および 20X2 年度に納める法人税等

---

[83]　減価償却費の損金算入限度超過額など，将来の会計期間において解消すると予想されている一時差異等については，税効果会計の適用対象となります（平野智久［2018］『ケースブック財務会計』新世社，10章を参照のこと）。

計と法人税務との間で申告調整が不要であり，法定実効税率を30％とすれば，当期に計上すべき法人税等は96千円と算定されます。

図表8-3に示された取引一覧について，勘定科目を資産，負債，資本，収益，費用の順に縦に並べると図表8-4となることを確認してください[84]。法人税等が96千円と計算されれば，税引前当期純利益320千円との差額224千円が繰越利益剰余金として新たな元手（株主資本）として20X2年度以降の経済活動に貢献します。

また，一般債権に係る貸倒引当金30千円および破産更生債権等に係る貸倒引当金100千円は［潜在的な資産の減少］という意味をもっていますが（図表5-5），図表8-4では（事実として［資産の減少］が生じたかの如く）貸方に記入されている点に留意しましょう。これらの金銭債権は貸倒引当金を控除した金額をもって貸借対照表に計上されます。さらに，備品についても取得原価600千円から減価償却累計額120千円を控除した480千円を貸借対照表に計上します（図表8-5）。

図表8-4と図表8-5との相違点から，貸借対照表の特徴をかんがえましょう。はじめに，金銭債権については債権額から貸倒引当金を控除した回収見込額が，有形固定資産については取得原価から減価償却累計額を控除した未償却原価が，それぞれ示されています。

つづいて，貸借対照表の貸方は負債の部と純資産の部とに二分されています。負債と株主資本とは［調達源泉］という観点では同じであっても，将来に現金支出などの経済的便益の流出を伴うか否かという財務諸表利用者の観点で区別されています。

さらに，資産は［流動資産，固定資産］の順に，負債も［流動負債，固定負債］の順に掲記されています[85]。ここでは，(a)［現金→商品→売上債権→現金′→……］という正常営業循環過程にある

---

[84] 図表8-4を簡略化すれば図表1-5となることも確認してください。

[85] 要するに，（安定性の観点で）重要性の高い項目から順に並べる，という発想です。電力会社（厳密には，一般送配電事業者）などでは，［固定資産，流動資産］の順に掲記されています。

70 8章 財務諸表を作成しましょう

● 図表 8-4　A 社における 20X1 年度における経済活動の記録およびその結果

（結果）	（日常的な記録）		（日常的な記録）	（結果）
600,000	4,900,000	現　　　　　金	4,300,000	
928,000	6,308,000	普　通　預　金	5,380,000	
490,000	3,310,000	当　座　預　金	2,820,000	
	1,320,000	受　取　手　形	300,000	
	7,100,000	売　　掛　　金	6,700,000	
	1,000,000	クレジット売掛金	920,000	
1,470,000		貸　倒　引　当　金	30,000	
537,000	4,600,000	商　　　　　品	4,063,000	
5,000	5,000	貯　蔵　　品		
100,000	200,000	前　渡　　金	100,000	
240,000	240,000	前　払　費　用		
	600,000	備　　　品		
480,000		備品減価償却累計額	120,000	
1,000,000	1,000,000	土　　　　地		
	300,000	破産更生債権等		
200,000		貸　倒　引　当　金	100,000	
360,000	360,000	差　入　保　証　金	30,000	
90,000	120,000	権　利　　金		
		支　払　手　形	900,000	900,000
	3,000,000	買　掛　　金	3,700,000	700,000
		未　払　　金	59,000	59,000
		未　払　費　用	81,000	81,000
		未　払　法人税等	96,000	96,000
	420,000	契　約　負　債	790,000	370,000
	250,000	所　得　税　預　り　金	280,000	30,000
	160,000	社会保険料預り金	200,000	40,000
		資　本　　金	4,000,000	4,000,000
		売　　　上	10,000,000	10,000,000
		受　取　地　代	420,000	420,000
4,003,000	4,003,000	売　上　原　価		
30,000	30,000	貸倒引当金繰入		
142,000	142,000	貸　倒　損　失		
30,000	30,000	支　払　手　数　料		
2,800,000	2,800,000	給　　　　与		
43,000	43,000	福　利　厚　生　費		
180,000	180,000	法　定　福　利　費		
37,000	37,000	交　際　　費		
1,161,000	1,161,000	水　道　光　熱　費		
59,000	59,000	広　告　宣　伝　費		
120,000	120,000	減　価　償　却　費		
720,000	960,000	支　払　家　賃	240,000	
30,000	30,000	権　利　金　償　却		
220,000	220,000	消　耗　品　費		
25,000	30,000	通　信　　費	5,000	
20,000	20,000	租　税　公　課		
300,000	300,000	創　立　　費		
20,000	20,000	雑　損　　失		
100,000	100,000	貸倒引当金繰入		
60,000	60,000	棚　卸　減　耗　損		
96,000	96,000	法　人　税　等		
16,696,000	45,634,000	合　　　計	45,634,000	16,696,000

左側区分：流動資産／固定資産／費用　右側区分：流動負債および資本／収益

8.2　貸借対照表では企業の安定性が示されます　　71

● 図表 8-5　A 社における 20X2 年 3 月 31 日時点での貸借対照表

20X2 年 3 月 31 日時点での ［貸借対照表］

資　産　の　部			負　債　の　部		
（流動資産）			（流動負債）		
現　　　　　金		600,000	支　払　手　形		900,000
普　通　預　金		928,000	買　掛　金		700,000
当　座　預　金		490,000	未　払　金		59,000
受　取　手　形	1,020,000		未　払　費　用		81,000
売　　掛　　金	400,000		未 払 法 人 税 等		96,000
クレジット売掛金	80,000		契　約　負　債		370,000
貸　倒　引　当	△30,000	1,470,000	所 得 税 預 り 金		30,000
商　　　　　品		537,000	社会保険料預り金		40,000
貯　　蔵　　品		5,000	流動負債合計		2,276,000
前　渡　金		100,000	（固定負債）		
前　払　費　用		240,000	固定負債合計		0
流動資産合計		4,370,000	負債合計		2,276,000
（有形固定資産）					
備　　　　　品	600,000		純　資　産　の　部		
減 価 償 却 累 計 額	△120,000	480,000	（株主資本）		
土　　　　　地		1,000,000	資　本　金		4,000,000
（投資その他の資産）			繰越利益剰余金		224,000
破 産 更 生 債 権 等	300,000		*自 己 株 式*		*△0*
貸　倒　引　当　金	△100,000	200,000	株主資本合計		4,224,000
差　入　保　証　金		360,000	（株主資本以外）		
権　　利　　金		90,000	*株主資本以外合計*		*0*
固定資産合計		2,130,000	純資産合計		4,224,000
資産合計		6,500,000	負債・純資産合計		6,500,000

(*) 斜字体の部分は，第 2 部応用編で学びます。

項目は流動項目とする，（b）期末から1年以内に換金または決済がおこなわれる項目も流動項目とする，というふたつの規準によって流動項目か固定項目かを分類します。流動負債の弁済を賄える流動資産を保有しているか[86]，総資本に占める株主資本の割合はどれほどか[87]，といった財務諸表利用者の観点がここにも表れています。

図表 8-5 を用いて，流動比率および自己資本比率を計算しましょう。また，これらの比率を向上させる施策を検討しましょう。

---

[86]　［流動資産 ÷ 流動負債＝流動比率］は，短期的な安定性の指標とされています。
[87]　［株主資本 ÷ 総資本≒自己資本比率］は，長期的な安定性の指標とされています。

72　　8章　財務諸表を作成しましょう

■8.3 損益計算書（報告式）では段階別の利益が示されます

　図表 1–4 に示された勘定式の損益計算書では，［期間収益 10,420 千円 − 期間費用 10,196 千円 = 当期純利益 224 千円］という計算が成立していました。どのような経済活動からどれほどの収益を獲得し，そのためにどれほどの費用がかかっていたでしょうか。

　図表 8–6 のように段階別の利益を算定することで，経済活動ごとの収益力を把握できます。それでは，図表 8–4 および図表 8–6 を手掛かりにして，A 社の 20X1 年度における報告式の損益計算書を作成しましょう（図表 8–7）。売上高を 100％としたときの段階別の利益は，たとえば「売上高営業利益率は 3.8％である」といった具合に百分比で示すこともあります。

● 図表 8-6　段階別の利益（小売業）

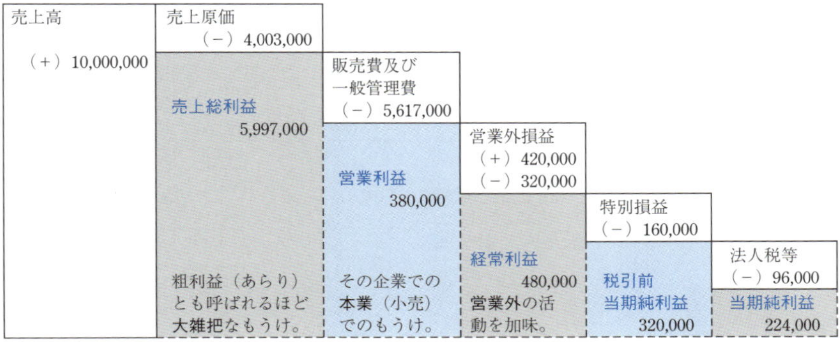

売上高	売上原価	販売費及び	営業外損益	特別損益	法人税等
(＋) 10,000,000	(−) 4,003,000	一般管理費 (−) 5,617,000	(＋) 420,000 (−) 320,000	(−) 160,000	(−) 96,000
	売上総利益 5,997,000	営業利益 380,000	経常利益 480,000	税引前当期純利益 320,000	当期純利益 224,000
	粗利益（あらり）とも呼ばれるほど大雑把なもうけ。	その企業での本業（小売）でのもうけ。	営業外の活動を加味。		

● **図表 8-7　A 社における 20X1 年度の損益計算書（報告式）**

20X1 年 4 月 1 日から 20X2 年 3 月 31 日までの［損益計算書］

区分		金額	百分比
Ⅰ　売上高		10,000,000	100.0%
Ⅱ　売上原価			
期首商品棚卸高	0		
当期商品仕入高	4,600,000		
合　計	4,600,000		
期末商品棚卸高	600,000		
差　引	4,000,000		
商品評価損	3,000	4,003,000	40.0%
売　上　総　利　益		5,997,000	60.0%
Ⅲ　販売費及び一般管理費			
貸倒引当金繰入	30,000		
貸倒損失	142,000		
支払手数料	30,000		
給与	2,800,000		
福利厚生費	43,000		
法定福利費	180,000		
交際費	37,000		
水道光熱費	1,161,000		
広告宣伝費	59,000		
減価償却費	120,000		
支払家賃	720,000		
権利金償却	30,000		
消耗品費	220,000		
通信費	25,000		
租税公課	20,000	5,617,000	56.2%
営　業　利　益		380,000	3.8%
Ⅳ　営業外収益			
受取地代	420,000	420,000	4.2%
Ⅴ　営業外費用			
創立費	300,000		
雑損失	20,000	320,000	3.2%
経　常　利　益		480,000	4.8%
Ⅵ　特別利益			
Ⅶ　特別損失			
貸倒引当金繰入	100,000		
棚卸減耗損	60,000	160,000	1.6%
税引前当期純利益		320,000	3.2%
Ⅷ　法人税等			
法人税，住民税及び事業税	96,000		
法人税等調整額	0	96,000	1.0%
当　期　純　利　益		224,000	2.2%

☞　図表 8-7 のように，段階別の利益を百分比で示す意義について検討しましょう。

■8.4 キャッシュ・フロー計算書では 活動別の現金収支が示されます

8.3 までをつうじて，日常的な経済活動について仕訳を用いて記録し，貸借対照表および損益計算書を作成して内容を分析できました。もうひとつの重要な財務表として，キャッシュ・フロー計算書が挙げられます。A 社のような小規模な株式会社であっても，経営者や財務諸表利用者それぞれにとって活用の機会があるはずです。

● 図表 8-8　A 社における 20X1 年度のキャッシュ・フロー計算書

20X1 年 4 月 1 日から 20X2 年 3 月 31 日までの ［キャッシュ・フロー計算書］

I　営業活動によるキャッシュ・フロー

［　直　接　法　表　示　］		［　間　接　法　表　示　］	
営業収入	8,098,000	税引前当期純利益	320,000
商品の仕入支出	△3,100,000	減価償却費	120,000
人件費支出	△2,910,000	権利金償却	30,000
その他営業支出	△2,410,000	創立費	300,000
		受取地代	△420,000
		営業債権の増減額（△は増加）	△1,770,000
		棚卸資産の増減額（△は増加）	△542,000
		前払費用の増減額（△は増加）	△240,000
		未払金の増減額（△は減少）	59,000
		未払費用の増減額（△は減少）	81,000
		営業債務の増減額（△は減少）	1,740,000
小　計	△322,000	小　計	△322,000
法人税等の支払額			0
営業活動によるキャッシュ・フロー			△322,000

II　投資活動によるキャッシュ・フロー

備品の購入による支出	△600,000
差入保証金及び権利金の支出	△480,000
土地の貸出による収入	720,000
創立費の支出	△300,000
利息及び配当金の受取額	0
投資活動によるキャッシュ・フロー	△660,000

III　財務活動によるキャッシュ・フロー

株主からの拠出	3,000,000
利息及び配当金の支払額	0
財務活動によるキャッシュ・フロー	3,000,000
V　現金及び現金同等物の増減額（△は減少）	2,018,000
VI　現金及び現金同等物の期首残高	0
VII　現金及び現金同等物の期末残高	2,018,000

（＊）当社のキャッシュ・フロー計算書における現金及び現金同等物の範囲は，手許現金，随時引き出し可能な預金（すなわち普通預金及び当座預金）です。

● 図表 8–9　A 社における 20X1 年度の営業収入と売上高との関係

図表番号		仕訳					営業収入	売上高
4–4 通算：	(借)	現金	1,900,000	(貸)	売上	1,900,000	1,900,000	1,900,000
5–2 ⑥：	(借)	売掛金	7,100,000	(貸)	売上	7,100,000		7,100,000
⑦：	(借)	普通預金	5,238,000	(貸)	売掛金	5,238,000	5,238,000	
⑨：	(借)	普通預金	70,000	(貸)	契約負債	70,000	70,000	
5–3 ⑩：	(借)	クレジット売掛金	1,000,000	(貸)	売上	1,000,000		1,000,000
⑪：	(借)	当座預金	890,000	(貸)	クレジット売掛金	890,000	890,000	
						合計	8,098,000 (図表 8–8)	10,000,000 (図表 8–7)

　まずは**図表 8–8** から，現金及び現金同等物[88] の変動（すなわち，Cash Flow，以下 CF）を伴う A 社の取引が「営業」「投資」「財務」のみっつの活動に大別されることを確認してください。

　期中の取引から生じた収益や費用を抽出する損益計算書に対して，キャッシュ・フロー計算書は期中の取引から生じた（現金の）収入や支出を抽出しています[89]。A 社における 20X1 年度の売上高および営業収入を題材として，収益と収入とが乖離するしくみをみてください（**図表 8–9**）。商品を掛売りしている場合には，売上債権を回収して初めて営業収入と認められます。逆に，商品売買の契約時に内金を受領した場合には，即時に営業収入と認められます。

　図表 8–8 に示されたように，すべての現金収支は「営業活動」「投資活動」「財務活動」のいずれかに区分され，それぞれのキャッシュ・フローは，営業 CF△322 千円，投資 CF△660 千円，財務 CF＋3,000 千円となっています。それぞれの活動において［収入＞支出］の「＋」か，［収入＜支出］の「－」かに着目することでキャッシュ・フローの状況がみえてきます（**図表 8–10**）。

　営業 CF は「＋」，すなわち［仕入や給与などの営業支出＜営業

---

[88]　図表 2–6 を参照のこと。

[89]　営業 CF の表示方法にはふたつあります。このうち，現金及び現金同等物の変動をありのままに映し出す［直接法表示］は初学者にも理解しやすく，また，キャッシュ・フロー計算書の目的にも適っています。これに対して，多くの実践においては［間接法表示］（**図表 8–8** の網掛け部分）が採用されています。機械的な作業によって作成され，営業損益と営業 CF との差異が示される長所を指摘できます（平野智久［2018］『ケースブック財務会計』新世社，256–258 頁を参照のこと）。

76　　8 章　財務諸表を作成しましょう

● **図表 8-10　キャッシュ・フロー計算書におけるみっつの活動区分**

	i　ii	iii　iv	v　vi	vii　viii	備考（具体例）
営業 CF	＋	＋	－	－	主として，営業損益の計算対象となった取引 （小計欄以下）法人税等の還付や支払など
投資 CF	－	＋	－	＋	（－）固定資産や有価証券の取得など （＋）固定資産や有価証券の売却など
純現金 収支	営業 CF と投資 CF とを合算				純現金収支の正負あるいは多寡が，財務 CF （資本政策）の意思決定を左右します
財務 CF	－／＋	－／＋	－／＋	－／＋	（＋）金融機関からの借入などの取引 （－）自社株買いや剰余金の配当など

● **図表 8-11　現金及び現金同等物が増減した取引一覧[90]**

【2章】　図表 2-1；図表 2-2；図表 2-3；図表 2-4
【4章】　図表 4-4；図表 4-8
【5章】　図表 5-1；図表 5-2；図表 5-3；図表 5-4；図表 5-5；図表 5-6
【6章】　図表 6-7
【7章】　図表 7-2；図表 7-3；図表 7-5；図表 7-8；図表 7-9；設例 7-6；設例 7-7；設例 7-8，
　　　　および 20X2 年度に納める法人税等

収入］が健全といえます。**図表 8-8** で示された A 社のような新興企業であればともかくも，一般的には営業 CF が 2 期連続で「－」となれば異常な状況と判断されるかもしれません。

投資 CF は「－」が望ましいでしょう。生産設備を増大させたり，金融収益を獲得するために有価証券を取得したり，長期的な観点に立つほど支出が膨らむことが想定されます。

営業 CF と投資 CF とを合算した額を純現金収支といい，この実績がその後の資本政策（財務 CF）を左右します。すなわち，純現金収支が「－」の状況が続けば現金及び現金同等物は涸渇してしまうため，借入などによる財務 CF の「＋」が図られるはずです。逆に，純現金収支が「＋」の状況が続いていれば，借入金の返済や株主還元を積極的におこなうことが期待されるために財務 CF は「－」となるでしょう。

---

90)　**図表 2-3** は当座預金口座および普通預金口座への現金の預入であり，「現金及び現金同等物」
は増減しません。

8.4　キャッシュ・フロー計算書では活動別の現金収支が示されます　**77**

図表 8-3 に示した取引一覧のうち，現金及び現金同等物が増減した取引は図表 8-11 のとおりです。それぞれの取引の仕訳から，図表 8-8 に示されたキャッシュ・フロー計算書が作成されることを確認してください。

> 　図表 8-11 の各取引で生じた現金収支について，「営業」「投資」「財務」のいずれの活動に区分されているか，図表 8-8 をみながら検討しましょう。

■8.5　財務諸表の分析をおこないます

　企業会計の目的として適正な期間損益の算定を挙げられますが，利益は損益計算書および貸借対照表によって明らかにされました。キャッシュ・フロー計算書は期間損益の算定とは関係ないものの，ほかの財務表にはない意義が見出せるでしょう。簡単な数値例をもとに，みっつの財務表の関係を検討してみましょう（設例 8-2）。

[設例 8-2]　TR 社における次の取引から，期首貸借対照表，期末貸借対照表，損益計算書，およびキャッシュ・フロー計算書を作成しましょう。

① 　当期首に現金 100 万円，機械装置 300 万円を元入れする。

② 　商品 800 万円を掛仕入する。買掛金の期末残高は 220 万円である。

③ 　商品 640 万円分を 1,250 万円で掛売りする。売掛金の期末残高は 440 万円である。

④ 　天災のため，商品 110 万円分を廃棄せざるを得なかった。

⑤ 　年間の給与は 240 万円であり，うち 20 万円が期末において未払である。

⑥ 　機械装置の減価償却費は 60 万円である。

　図表 8-12 について，20X1 年度末における流動比率は 250％，自己資本比率は 71.4％と算定されます。安定性の指標については，まずは順調といえるでしょう。会社を設立して 1 年間しか経っていま

78　　8章　財務諸表を作成しましょう

● 図表8-12 TR社におけるみっつの財務表の関係

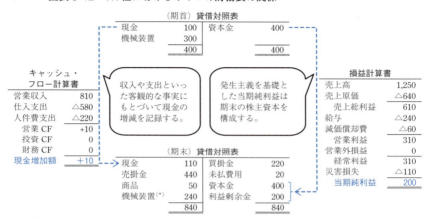

(*) 機械装置240万円は，取得原価300万円から減価償却累計額60万円を控除した未償却原価です。

せんので意味のある分析はなかなか難しいですが，同業他社の実績や，TR社自身の過去の実績と比較することで意味をもつようになります。

収益力については，ふたつの見方を紹介しましょう。11.1で学ぶ「剰余金の配当」に直接的な関心を寄せている株主にとって，その配当は最終的にどれだけの利益を獲得できたかに大きく左右されることから，当期純利益が注目されます。ゆえに，株主にとっての投資効率を示すROEは当期純利益を株主資本（ないし自己資本）で除すことで算定されます。株主以外の利害関係者にとっては，資金の調達源泉を区別する積極的な理由はありません。そこで，全社的な投資効率を表すROAは［営業利益＋営業外収益］を総資本で除すことで算定されます。図表8-12の場合はROEが40％，ROAは50％となりますが[91]，実践においてはこの値も「水物」の感が否めません[92]。

---

[91] 分母に用いる○○資本については，便宜的に，期首と期末とを単純平均した額を用いています。
[92] 平野智久［2018］『ケースブック財務会計』新世社，12–13章を参照のこと。

図表 8–12 について損益計算書と貸借対照表とをみれば，現金は10 万円増加し，純利益 200 万円を計上しています。経営状況は順調にみえますが，期末の買掛金や未払費用の支払期限が迫っているならば，手許現金 110 万円では心許ありません。このままではいわゆる「勘定合って銭足らず」，すなわち黒字倒産に陥りかねない状態です。

　そこで，キャッシュ・フロー計算書の出番となります。「メインバンクが手を引いたら，こりゃあ生き物が血を抜かれるようなもんだから……」といった台詞にも表れているように [93]，企業にとって現金及び現金同等物は血液のような存在であり，その循環に異変があれば速やかに正常化させなければなりません。図表 8–12 における対処法としては，売掛金の回収または流動化 [94]，金融機関からの借入などが選択肢となるでしょう。

☞　図表 8–5，図表 8–7 および図表 8–8 を参照しながら，創業 1 周年を迎えた A 社の財務状況について検討しましょう。

　（付記）本章の内容は，平野智久［2018］『ケースブック財務会計』新世社，229 頁；252–253 頁と重複している部分があります。

---

[93]　伊丹十三（監督）［1987］『マルサの女』伊丹プロダクション，110 分。
[94]　債権の流動化には幾らかの手数料を支払う必要があります。しかし，追加借入は財務の安定性を脆弱にしかねない，売掛金の早期回収は相手方との関係を悪化させかねない，といった理由から有効な手段のひとつといえるでしょう。

80　　8 章　財務諸表を作成しましょう

■第2部　応用編■
（金融活動にまつわる会計）

9章
資金を貸し出して
利息を獲得しましょう

■9.1 営業収益と金融収益との相違

前章までにみた A 社では，商品を仕入れて顧客へ販売することで営業収益を獲得していました。すなわち，20X1 年度の売上高 10,000 千円を獲得するために，売上原価 4,003 千円や販売費及び一般管理費 5,617 千円といった費用がかかり，結果として営業利益 380 千円を計上することができています（図表 8-7）。

本章から概観する金融活動についても，適正な期間損益の算定という企業会計の考え方に変わりはありません。しかし，金融収益の獲得のしかたは，営業収益のそれとはまったく異なる発想に立つ必要があるでしょう（設例 9-1）。

[設例 9-1] F 社（決算日：3 月末）における以下の取引について分析しましょう。なお，各取引に先立って [(借) 現金 100 万 (貸) 資本金 100 万] という仕訳を措定します。

(1)　F 社は 20X1 年度期首に現金取引で仕入れた商品 100 万円を期中に 105 万円で掛売りしました。代金は期末に現金で受領しています。

(2-a)　F 社は 20X1 年度期首に 100 万円を定期預金（年利 5％）とし，1 年後に解約しました。

(2-b)　F 社は 20X1 年度末には元利を受領することなく，引き続き預け入れました。

設例 9-1 の取引（1）は，仕入れた商品を顧客へ販売する営業収

● 図表 9-1　営業収益と金融収益

	取引(1)　営業収益				取引(2-a)　金融収益			
期首	（借）現金	100	（貸）資本金	100	（借）現金	100	（貸）資本金	100
	（借）商品	100	（貸）現金	100	（借）定期預金	100	（貸）現金	100
期中	（借）売上原価	100	（貸）商品	100	（借）定期預金	5	（貸）受取利息	5
	（借）売掛金	105	（貸）売上	105				
期末	（借）現金	105	（貸）売掛金	105	（借）現金	105	（貸）定期預金	105
経済活動の様態	F 社が主体となって経済活動に携わっています。商品を引き渡す代わりに，現金又は現金等価物という対価を受け取ります。				金融機関が主体的に 100 万円を運用しています。F 社は時の経過に応じた定期預金の増価を俟っているに過ぎません。			
含意(*)	売上 105 万円（収益）と売上原価 100 万円（費用）との差引計算による交換的損益。収支差額による測定がなされます。				定期預金 100 万円（資産）が時の経過によって 105 万円へ増価した時間的報酬。2 時点間の収入差額により測定されます。			
経済活動の結果	［総勘定合計表］ 現金　　　105　　資本金　　100 売上原価　100　　売上　　　105 　　合計　205　　　合計　　205				［総勘定合計表］ 現金　　　105　　資本金　　100 　　　　　　　　受取利息　　5 　　合計　105　　　合計　　105			

(*) 用語法は，笠井昭次［2005］『現代会計論』慶應義塾大学出版会，図表 4-11 などに負っています。
　　なお，図表 0-1 も参照のこと。

益の典型例です。そこでは，収益と費用との差引計算による利益（交換的損益）が生まれています。具体的には，売上高 105 万円は収入額系統に属し，売上原価 100 万円は支出額系統に属していることから，交換的損益は収支差額により測定されます[1]。

　これに対して，取引（2）は時の経過によって資産が増価する金融収益の典型例です。F 社の定期預金 100 万円は，年利 5％の条件で金融機関が主体となって運用した結果として，20X1 年度末に 105 万円まで増価しています。F 社の経済活動は 20X1 年度期首に 100 万円を金融機関に預け入れたのみであり，1 年後に受領した時間的報酬は定期預金の増価として顕現しています。取引（1）のように［費用の発生］を伴わない点にも留意してください。

☞　金融収益の獲得は［費用の発生］を伴いませんが（図表 9-1），それでは 2 時点間の収入差額によって金融収益を測定する，とはどのような意味でしょうか。

[1]　きわめて単純化した設例 9-1 では，期間収益と現金収入額，期間費用と現金支出額とがそれぞれ等しくなっています。一般的には，交換的損益は発生主義の思考にもとづいて測定されます。

9.1　営業収益と金融収益との相違　　83

■9.2 将来の期待収入額を現在価値に割り引きます

設例 9-1 の取引（2-a）について，預け入れた 100 万円が 1 年後に 105 万円に増価するしくみは［100 万×(1＋0.05)^1＝105 万］と表されます。F 社がいま手許の 100 万円を支出すると 100 万円分の商品を購入できます。仮に 1 年間じっと俟つことで金融機関から 105 万円を受領すると，1 年後には 105 万円分の商品を購入できます。この「1 年間じっと俟つこと」に対する時間的報酬が「受取利息 5 万円」という金融収益の発生にみられます。

取引（2-b）について，20X1 年度末の 105 万円を引き続き預け入れると，さらに 20X2 年度末には［105 万×(1＋0.05)^1＝110.25 万］となります。つまり，20X1 年度期首からみれば［100 万×(1＋0.05)^2＝110.25 万］と表されるでしょう（図表 9-2）。

定期預金といえども，将来の収入額はあくまで現在時点では不確実ですので，図表 9-2 における 105 万円や 110.25 万円は期待収入額とされます。このとき，「将来から現在へ」というように時間の向きを反転させてみると，将来の期待収入額 EV_t を (1＋0.05)^t で除した現在価値を算出することができます。具体的には，「1 年後の 105 万円の現在価値は 100 万円である」し，「2 年後の 110.25 万円の現在価値も 100 万円である」という関係がみてとれます。

なぜ，現在価値という見方をするのでしょうか。それは，金融収益が 2 時点間の収入差額（図表 9-2 の ====）によって測定されることと密接に関係します。預け入れてから 1 年後の 105 万円は受領し得る期待収入額ですが，取引（2-b）ではそのまま寝かせています。その結果としてさらに 1 年が経った 20X2 年度末時点での期待収入額は 110.25 万円にまで増価しています。すなわち，20X1 年度末と 20X2 年度末という 2 時点間の収入差額によって，定期預金の増価した 5.25 万円が 20X2 年度の金融収益として認識されます（図表 9-3）。

● 図表 9-2　時間的報酬と現在価値の関係

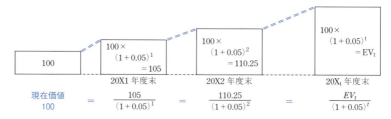

● 図表 9-3　設例 9-1 の取引 (2-b) に係る期待収入額（月次）

20X1 年度	期待収入額	毎月増価分	20X2 年度	期待収入額	毎月増価分
20X1 年 4 月 1 日	1,000,000	—	20X2 年 4 月 1 日	1,050,000	—
4 月末	1,004,074	（+4,074）	4 月末	1,054,278	（+4,278）
5 月末	1,008,165	（+4,091）	5 月末	1,058,573	（+4,295）
6 月末	1,012,272	（+4,107）	6 月末	1,062,886	（+4,313）
7 月末	1,016,396	（+4,124）	7 月末	1,067,216	（+4,330）
8 月末	1,020,537	（+4,141）	8 月末	1,071,564	（+4,348）
9 月末	1,024,695	（+4,158）	9 月末	1,075,930	（+4,366）
10 月末	1,028,870	（+4,175）	10 月末	1,080,313	（+4,383）
11 月末	1,033,062	（+4,192）	11 月末	1,084,715	（+4,401）
12 月末	1,037,270	（+4,209）	12 月末	1,089,134	（+4,419）
20X2 年 1 月末	1,041,496	（+4,226）	20X3 年 1 月末	1,093,571	（+4,437）
2 月末	1,045,740	（+4,243）	2 月末	1,098,027	（+4,455）
3 月末	1,050,000	（+4,260）	3 月末	1,102,500	（+4,473）

年利 5%は，$(1+r_m)^{12}=1.05$ を満たす r_m として，コンピュータを用いることで月利 0.40741％と変換できます。なお，表の一部には四捨五入によるズレが生じています。

　　図表 9-3 のような期待収入額の変化を**複利計算**といいます。預け入れた 100 万円が時の経過とともに「雪だるま」の如く増価している点を確認してください。20X1 年度期首からみれば，将来いつでもその現在価値は 100 万円となる点が重要でしょう[2]。

　👁　図表 9-3 について，横軸を時間，縦軸を期待収入額としたグラフを描きましょう。そして 1,000,000 円から 1,102,500 円までを直線で結んだ場合と比較してください。

---

[2]　預け入れたばかりの 100 万円は 0 日だけ経過していれば 0 円だけ増価していることから，「20X1 年 4 月 1 日（期首）の期待収入額は 100 万円であり，その現在価値も当然に 100 万円である」と理解できるでしょう（笠井昭次［2014］「計算対象の識別の重要性」『三田商学研究』57(2)，1–19 頁も参照のこと）。

9.2　将来の期待収入額を現在価値に割り引きます　　**85**

9.3 投資と引き換えに有価証券を取得します

　　金融機関へ預け入れるほかに余剰資金を運用する手段として，（第三者への）投資が挙げられます。金融機関（B 銀行）を経由しないため，資金の提供者（F 社）にとっては預金より高い利回りでの運用が，需要者（D 社）にとっては融資より低い利回りでの資金調達が，それぞれ期待できます（図表 9-4）。ただし，D 社の経営が破綻する万が一の事態となれば，投資を回収できない危険を F 社が一手に引き受けなければなりません[3]。

　　F 社は D 社へ投資すると，金銭と引き換えに有価証券（約束手形，D 社社債，D 社株式など）を取得します。もっとも社債や株式については電子化が浸透しつつあり，現在では紙に印刷された「株券」を目にしません。手形についても「作成や保管が手間」「分割できない」といった欠点を克服すべく電子記録債権という新しいしくみが大企業を中心に普及しつつありますが[4]，まずは従来の紙による手形を想定しましょう。

　　手形とは，いつ，いくら，どこで支払うかを記載した証券をいい，図表 5-1 のように商品代金の決済としても用いられます。図表 9-4 の事例では，投資してもらう側の D 社が将来に弁済する義務を

● 図表 9-4　資金の提供者が受け取る有価証券

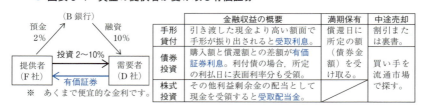

---

[3]　仮に金融機関が破綻しても，当座預金は全額が，普通預金もおよそ 1,000 万円までが保護されます。
[4]　平野智久［2018］『ケースブック財務会計』新世社，263-264 頁。

● 図表 9-5　D 社が F 社へ振り出した約束手形の例

	約束手形
振出日：20X1 年 9 月 1 日 金額：　¥500,000 – 渡し先：F 株式会社 摘要：　資金の借入	F 株式会社　○○　○○殿　　　　　　　（支払期日）20X1 年 11 月 30 日 　　　　　　　　　　　　　　　　　　　（支払場所）B 銀行第一支店 収入　金額　¥500,000※ 印紙　上記の金額をあなた又はあなたの指図人へこの約束手形と引き換えにお支払いします （振出日）20X1 年 9 月 1 日　　　　（振出人）D 株式会社代表取締役社長 　　　　　　　　　　　　　　　　　　　　　　　　　　　　　○○　○○（印）

(*1) いわゆる下請法に鑑みれば，振出日から支払期日までは 60 日以内となります。
(*2) 厳密には，全国銀行協会が定めた統一手形用紙の様式を参照のこと。

　　　負っており，したがって D 社が手形の振出人となります（図表
　　9–5）。

☞　図表 9-5 に示された約束手形について，いつ，いくら，どこで支払う約束なのかを
読み取りましょう。さらに，手形を受け取った F 社が採り得る行動をかんがえま
しょう。

■9. 4　資金を貸し付けて約束手形を受け取りました

　　　手形貸付金には，F 社が，（a）D 社へ引き渡す現金よりも高い額
面の約束手形を受け取り，（b）差額は利息の前受として取り扱う，
という特徴があります[5]。図表 9-5 の事例で，たとえば 3ヵ月分の
利息を 10 千円と見積った場合，9 月 1 日に F 社が D 社へ渡す現金
は 490 千円となります。その後の F 社は，支払期日となってから B
銀行に取立を依頼することで額面 500 千円を受領します。あるいは，
支払期日より前に B 銀行へ持ち込む割引をおこなってもよいで
しょう（設例 9-2）。

---

[5]　手形貸付に係る利息は，取引先の事業内容や資金使途を考慮しつつも，基本的には「期限まで
の前取」「実行日から支払期日までの両端計算」と約定されているようです（安東克正［2012］「銀
行員が書いた銀取のトリセツ vol.4 第 3 条（利息・損害金等）」『銀行法務 21』56（10），33 頁）。

[設例 9-2] F社は 20X1 年 9 月 1 日付で D 社への貸付を目的として普通預金口座から 490 千円を振り込み，**図表 9-5** に示された約束手形を受け取りました。

(1) 手形を支払期日まで保管したので，普通預金口座へ 500 千円が入金されました。

(2) 受け取った手形を即時に割り引いたので，普通預金口座へ 497 千円が入金されました。なお，保証債務 5 千円も見積り計上します。

● **図表 9-6　設例 9-2 の取引（1）に係る仕訳**

	一般的な仕訳				本書の理解			
投資	（借）手形貸付金	500	（貸）普通預金 　　　受取利息	490 10	（借）手形貸付金	490	（貸）普通預金	490
回収	（借）普通預金	500	（貸）手形貸付金	500	（借）手形貸付金 （借）普通預金	10 500	（貸）受取利息 （貸）手形貸付金	10 500
含意	投資日に受取利息 10 千円を認識し，手形貸付金は将来収入額 500 千円と測定しています。				支払期日まで 3 ヵ月が経過することで，回収日に受取利息 10 千円を認識しています。			

　　　取引（1）について，**図表 9-6** に示されたふたつの仕訳のいずれも，投資日から回収日までの全体をみれば同一の総勘定合計表を作成できます。一般的には，額面 500 千円の手形を受け取ったにもかかわらず 490 千円しか支出していないことに着目し，投資日に差額 10 千円を受取利息としています。しかし，企業の経済活動を忠実に表現しようとすると，「受取利息は投資日に認識してよいのか」「投資日の手形貸付金は将来収入額で測定してよいのか」といった疑問が湧いてきて然るべきではないでしょうか。

　　このような問題意識から，本書では，投資日の手形貸付金を 490 千円と理解しています。投資日の 490 千円は単なる支出額ではなく，期待収入額の現在価値と捉えられるはずです（**図表 9-2**）。このとき，3 ヵ月という時の経過によって 490 千円から 500 千円に増価することから実効利率は約 8.416％と算定されます[6]。

---

[6]　実効利率や表面利率については，10.1 で学びます。

● 図表9-7 設例9-2の取引(2)に係る仕訳

	一般的な仕訳	本書の理解
投資	(借) 手形貸付金 500 (貸) 普通預金 490 　　　　　　　　　　　　　　受取利息 10	(借) 手形貸付金 490 (貸) 普通預金 490
割引	(借) 普通預金 497 (貸) 手形貸付金 500 　　　手形売却損 3	(借) 手形貸付金 0 (貸) 受取利息 0 (借) 普通預金 497 (貸) 手形貸付金 490 　　　　　　　　　　　　　手形売却益 7
保証	(借) 保証債務費用 5 (貸) 保証債務 5	(借) 保証債務費用 5 (貸) 保証債務 5
含意	手形貸付金を将来収入額500千円と測定したので、入金額との差額は「手形売却損3千円」です。投資日に認識した「受取利息10千円」と両建てする意味は何でしょうか。	図表9-6での議論をふまえると、即時に割引けば受取利息は発生しません。「保証債務費用」は［潜在的な費用の発生］であり、既発生の「手形売却損益」とは区別しています。

● 図表9-8 D社が振り出した約束手形の顛末

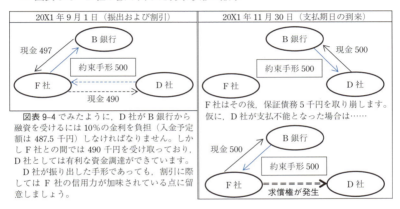

取引(2)について、F社が受け取った手形は、B銀行で割り引いた9月1日付で消滅します。このとき、新たに生じた二次的責任である保証債務を時価評価して認識するとともに、割引による入金額から保証債務の時価相当額を差し引いた譲渡金額から、譲渡原価である帳簿価額を差し引いた額を「手形売却損益」として処理します[7]。図表9-7ではD社が支払不能となる確率を1%と見積り、保証債務5千円を計上しています。

信用力の高低や支払期日までの時間の長短によって、D社が振り出した額面500千円の約束手形は、F社には490千円と評価され、

---
[7] JICPA［2018］「金融商品会計に関する実務指針」136項。

9.4 資金を貸し付けて約束手形を受け取りました　89

またB銀行には（F社の信用力が加味されたことで）497千円と評価されていることがわかるでしょう（**図表**9–8）。

☞　**設例** 9-2 における「D社へは貸し付けておきながら，B銀行からは借り入れている」というF社の経済活動には，どのような意味があるでしょうか。

10章
債券を満期まで保有しましょう

■10.1　債券にまつわるふたつの利率とは

　9.3でみたように，資金の提供者（F社）は金銭と引き換えに，資金の需要者（D社）から有価証券を取得します。本章では，D社が発行した債券を満期（償還期限）まで保有し続けることを意図して取得したF社の会計処理を検討します（図表10-1）[8]。

　そもそも社債とは，会社が投資者から資金を借り入れるために発行する有価証券をいいます。そして，満期になると発行会社は社債権者に対して償還する義務を負っています。会計処理のしくみを学ぶという便宜上，紙に印刷された「社債券」を想定しましょう（図表10-2）。

　図表10-2は，（a）債券金額や償還期限を記載した「本券」と，（b）定期的に支払われるクーポンを示す「利札」とで構成された利付債です。本社債券の保有者は，（a）20X5年3月末に債券金額100万円を受け取る権利のほか，（b）毎年3月末にクーポン5千円を受け取る権利も有しており，債券金額に対する年間クーポンの割合（表面利率）は0.5％となります。

　ただし，満期保有を目的として債券を取得する場合には，いくらで取得するか（取得価額）が肝腎です。「表面利率0.5％は（市場の）期待を下回る」と判断される場合，投資者は他の案件に投資し

---

[8]　満期保有目的の債券として取り扱うには，償還期限まで保有するという積極的な意思およびその能力が必要とされます（JICPA［2018］「金融商品会計に関する実務指針」69項）。ただ漠然と「長期的に保有する」といった想定で債券を取得した場合には，その他有価証券として取り扱われます（11.4を参照のこと）。

● 図表 10-1　有価証券の取得時に決める保有目的区分

	株式	債券	貸借対照表の表示	本書では……
(1) 売買目的有価証券	○	○	（流動）有価証券	11.3 で学びます。
(2) 満期保有目的の債券	—	○	（固定）投資有価証券(*)	10.2 から学びます。
(3) 子会社株式及び関連会社株式	○	—	（固定）関係会社株式	14.2 から学びます。
(4) その他有価証券	○	○	（固定）投資有価証券	11.4 で学びます。

ASBJ［2008］「金融商品に関する会計基準」では，(1) から (4) の順に会計処理が示されています。
(*) 1 年以内に償還期限が到来するものは「有価証券」として流動資産の区分に計上されます。

● 図表 10-2　社債券の例

```
              D 株式会社 普通社債
          金　1，0 0 0，0 0 0　円
              償還期限　20X5 年 3 月 31 日
  本社債券は，D 株式会社が 20X1 年 3 月 20 日に開催した取締役会の決議にもとづいて発行しています。
      20X1 年 4 月 1 日                    D 株式会社代表取締役社長
                                          ○○ ○○      （印）

  第 4 回利札        第 3 回利札        第 2 回利札        第 1 回利札
  20X5 年 3 月 31 日  20X4 年 3 月 31 日  20X3 年 3 月 31 日  20X2 年 3 月 31 日
  金 5,000 円        金 5,000 円        金 5,000 円        金 5,000 円
```

(a) 本券
……債券金額や
　　償還期限を
　　記載します。

(b) 利札
……割引債には
　　ありません。

たほうがより多くのカネを獲得できるとかんがえるでしょう。このとき，D 社が市場の期待に応えるには，本社債券を債券金額 100 万円より低い価額で発行するほかありません（割引発行）。

　割引発行の場合，資金の提供者（F 社）としては取得価額が債券金額を下回ります。差額が生じた要因が市場の期待と表面利率 0.5％との調整にある場合（金利調整差額）は，9.2 でみたような「複利計算[9]」を適用します[10]。この複利計算で用いる割引率 r を実効利率といいます。資金の提供者にとっては，

投資のための［現在支出額］　≦　投資によって得られる［将来収入額］
の現在価値

が投資の条件となりますが[11]，まさに両辺が等しくなる利率を指しています。

☞　表面利率と実効利率とが一致する状況を，図表 10-2 を題材に検討してみましょう。

---

[9]　一般的には，償却原価法と呼ばれています（ASBJ［2008］「金融商品に関する会計基準」注 5）。ただし，7.3 でみた固定資産の「未償却原価」と混同してはいけません。

92　　10 章　債券を満期まで保有しましょう

■10. 2 満期保有を目的として
　　　　割引債を取得しました

　　社債には，図表 10-2 で示したような「本券」および「利札」か
らなる利付債と，「本券」のみで利札のない割引債とがあります。
はじめに，割引債についてかんがえてみましょう（設例 10-1）。

> [設例 10-1] F 社（決算日：3 月末）は 20X1 年 4 月 1 日に満期まで保有
> する目的で債券金額 100 万円の D 社社債（償還期限は 20X5 年 3 月 31 日）
> を取得し，諸費用もあわせて 942,184 円を普通預金口座から支払いました。
> この取得価額と債券金額との差額は，すべて金利の調整分と認められます。
> なお，割引債のため利払日はありません。

　　割引債（ゼロ・クーポン債ともいいます）は，投資をしてから償
還日まで現金収支がありません。したがって，図表 9-2 でみた「預
け入れたまま引き出さなかった定期預金」と同じように，時間的報
酬が徐々に債券価値を高めます（図表 10-3）。設例 10-1 の全体像
は，20X1 年 4 月 1 日に 942,184 円を支出して，20X5 年 3 月 31 日に
100 万円を受領した，と表せます。差額の 57,816 円こそ債券投資の
成果であり，有価証券利息という金融収益を各期に合理的に配分す
ることで適正な期間損益の算定がなされます（図表 10-5）。

☞　図表 10-4 や図表 10-5（利息法）を題材として，t 年度の有価証券利息 BI_t につい
て，$[BI_t = 942,184 \times (1+r)^t - 942,184 \times (1+r)^{t-1}]$ が成り立っていることを確認しま
しょう。

---

10)　そもそも発行会社の信用力が低いために取得価額が債券金額を下回ることもありますが，この
場合には「金利調整差額」とはいえず，したがって複利計算もおこないません。

11)　9 章注 2 で言及したように，投資のための［現在支出額］は 0 日分の時間的報酬が加味された
期待収入額（＝［将来収入額］の現在価値）と一致する点に留意してください。

10. 2　満期保有を目的として割引債を取得しました　**93**

● 図表 10-3　設例 10-1 に関する D 社社債の価値

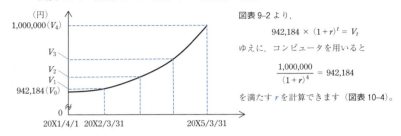

図表 9-2 より，

$$942,184 \times (1+r)^t = V_t$$

ゆえに，コンピュータを用いると

$$\frac{1,000,000}{(1+r)^4} = 942,184$$

を満たす r を計算できます（図表 10-4）。

● 図表 10-4　設例 10-1 に関する仕訳および各年度末における債券価値

コンピュータを用いれば，実効利率 $r=1.5\%$ は容易に算定できます。
具体的には，Internal Rate of Return（内部収益率）という金融論の考え方を利用します。

	仕訳		（円未満を四捨五入）
20X1/4/1	（借）D 社社債　　942,184　（貸）普通預金　　942,184 ［債券価値　$V_0 = 942,184$］		$\dfrac{1,000,000}{(1+r)^4} = 942,184$
20X2/3/31	（借）D 社社債　　14,133　（貸）有価証券利息　14,133 ［債券価値　$V_1 = 956,317$］		$942,184 \times r = 14,133$ $942,184 \times (1+r) = 956,317$
20X3/3/31	（借）D 社社債　　14,345　（貸）有価証券利息　14,345 ［債券価値　$V_2 = 970,662$］		$956,317 \times r = 14,345$ $942,184 \times (1+r)^2 = 970,662$
20X4/3/31	（借）D 社社債　　14,560　（貸）有価証券利息　14,560 ［債券価値　$V_3 = 985,222$］		$970,662 \times r = 14,560$ $942,184 \times (1+r)^3 = 985,222$
20X5/3/31	（借）D 社社債　　14,778　（貸）有価証券利息　14,778 ［償還直前の債券価値　$V_4 = 1,000,000$］ （借）普通預金　1,000,000　（貸）D 社社債　1,000,000		$985,222 \times r = 14,778$ $942,184 \times (1+r)^4 = 1,000,000$

● 図表 10-5　有価証券利息に関するふたつの配分方法

	BI_{20X1}	BI_{20X2}	BI_{20X3}	BI_{20X4}	合計
利息法 （正則的な方法）	14,133	14,345	14,560	14,778	57,816
定額法 （実践上の簡便法）(*)	14,454	14,454	14,454	14,454	57,816

(*)．法人税法施行令 139 条の 2 で定められている方法であり，各種試験では出題されるものの，各期の利息額や債券価値に関して理論的な根拠に乏しいと言わざるを得ません。この点については，笠井昭次［2013］「定利獲得目的金融資産の会計処理の再構成（1）」『三田商学研究』56(4)，10–25 頁も参照のこと。

■10.3　満期保有を目的として利付債を取得しました

割引債が「本券」のみであるのに対し，利付債は「本券」および「利札」で構成されますが，「本券」も「利札」もともに一定期間後

に予め定められた金額を受け取る契約であるといえます。このことから，利付債は金額および期間の異なる複数種類の割引債から構成されているとみることができるでしょう（設例 10-2）。

[設例 10-2]　F 社（決算日：3 月末）は 20X1 年 4 月 1 日に満期まで保有する目的で図表 10-2 の D 社社債（債券金額 100 万円，表面利率 0.5%，利払日は毎年 3 月 31 日，償還期限は 20X5 年 3 月 31 日）を取得し，諸費用もあわせて 961,456 円を普通預金口座から支払いました。この取得価額と債券金額との差額は，すべて金利の調整分と認められます。

● 図表 10-6　設例 10-2 に関する実効利率およびその算定方法

	20X2/3/31	20X3/3/31	20X4/3/31	20X5/3/31	合計額
将来収入額	5,000 +	5,000 +	5,000 +	1,005,000	= 1,020,000
現在価値	$\dfrac{5,000}{1+r_{20X1}}$ +	$\dfrac{5,000}{(1+r_{20X2})^2}$ +	$\dfrac{5,000}{(1+r_{20X3})^3}$ +	$\dfrac{1,005,000}{(1+r_{20X4})^4}$	= 961,456

☞　各年度における r は，期間ごとに異なります。したがって，金融論における利付債の評価に際しては，より厳密な計算を必要とすることは言を俟たないでしょう。ただし，満期保有目的の債券についてはこの差異を無視できるため，コンピュータを用いて $r=1.5\%$ と算定します。

　初学者の理解に資するよう，設例 10-1 と設例 10-2 の実効利率はいずれも $r=1.5\%$ となっています。資金の提供者（F 社）が，みずからが期待する利率が 1.5% であるときに，D 社が発行する債券金額 100 万円の 4 年債を，クーポンのない割引債ならば 942,184 円で取得し，表面利率 0.5% の利付債ならば 961,456 円で取得する，と言い換えることができるでしょう。

　設例 10-2 においては，取得価額 961,456 円と将来収入額 102 万円との差額 58,544 円が債券投資の成果といえるでしょう。その成果を，図表 10-5 に倣い各期に合理的に配分することで適正な期間損益の算定がなされるはずです。

　20X1 年度の有価証券利息は $BI_{20X1}=961{,}456 \times r = 14{,}422$ と計算

10.3　満期保有を目的として利付債を取得しました　**95**

● **図表 10-7　20X1 年度末に受領するクーポンに係るふたつの解釈**

	仕訳					含意
本書の理解[*]	(借)　D 社社債	14,422	(貸)　有価証券利息	14,422		有価証券利息 ¥14,422 は債券の増価分，クーポン ¥5,000 はその取崩と捉えます。
	(借)　現金	5,000	(貸)　D 社社債	5,000		
一般的な理解	(借)　現金	5,000	(貸)　有価証券利息	14,422		債券の増価分（¥9,422）は，クーポン ¥5,000 との差額として算定します。
	D 社社債	9,422				

(*) 債券金額より高く支払って取得する打歩発行も同様に理解できます。有価証券利息は時の経過分だけ債券を増価させますが，クーポンを受領した分だけ債券価値が減少するまでです（笠井昭次 [2013]「定利獲得目的金融資産の会計処理の再構成（2）」『三田商学研究』56(5)，2-11 頁も参照のこと）。

できます（**図表 10-7**）。有価証券利息 14,422 円の一部としてクーポン 5 千円を現金で受領するという一般的な理解に対して，「有価証券利息は債券の増価と結びついており，クーポンの受領は債券価値の減少をもたらす」という理解を本書では採っています。利付債であっても，「債券の金利調整差額を配分して債券の価値を増加させる」という有価証券利息の役割に変わりはないからです。ごく僅かの例外を除いて [12]，何の対価もなしに現金が流入するような経済活動はなく，時の経過によって債券価値が増加したからこそ**図表 10-7** における現金収入がもたらされている，という点にも留意してください。

　このとき，債券価値は毎年 3 月末のクーポンおよび 20X5 年 3 月末の債券金額という［将来収入額］を割り引くことで算定されていた点が想起されます（**図表 10-6**）。もちろん，金融収益の本質は時間的報酬であり，2 時点間の収入差額によって測定された点も忘れてはなりません（**図表 9-1**）。20X2 年 3 月末の仕訳として，(a) 20X1 年度の有価証券利息 14,422 円は 1 年間の時間的報酬が債券の増価をもたらす一方で，(b)［将来収入額］の一部がクーポン 5 千円の受領によって現実化したために債券価値の減少がもたらされます。設例 10-2 では決算日と利払日とがいずれも 3 月末となってい

---

[12] 過年度に貸倒処理をおこなった売上債権が入金されたときの［(借) 現金 xxx (貸) 償却債権取立益 xxx］，設備投資などの助成金を受け入れたときの［(借) 現金 xxx (貸) 国庫補助金受入益 xxx］，訴訟の結果として和解金を受領したときの［(借) 現金 xxx (貸) 受取和解金 xxx］などは特別利益として計上されます。

96　10 章　債券を満期まで保有しましょう

● **図表 10-8　設例 10-2 に関する仕訳および各年度末における債券価値**

	仕訳				$r = 1.5\%$　（円未満を四捨五入）
20X1/4/1	（借）D 社社債　961,456 ［債券価値 $V_0 = 961,456$］	（貸）普通預金　961,456			図表 10-6 を参照のこと。
20X2/3/31	（借）D 社社債　14,422 （借）現金　　　　5,000 ［債券価値 $V_1 = 970,878$］	（貸）有価証券利息　14,422 （貸）D 社社債　　　 5,000			$961,456 \times r = 14,422$ 　$961,456 + 14,422 - 5,000$ 　　　　　　　　$= 970,878$
20X3/3/31	（借）D 社社債　14,563 （借）現金　　　　5,000 ［債券価値 $V_2 = 980,441$］	（貸）有価証券利息　14,563 （貸）D 社社債　　　 5,000			$970,878 \times r = 14,563$ 　$970,878 + 14,563 - 5,000$ 　　　　　　　　$= 980,441$
20X4/3/31	（借）D 社社債　14,707 （借）現金　　　　5,000 ［債券価値 $V_3 = 990,148$］	（貸）有価証券利息　14,707 （貸）D 社社債　　　 5,000			$980,441 \times r = 14,707$ 　$980,441 + 14,707 - 5,000$ 　　　　　　　　$= 990,148$
20X5/3/31	（借）D 社社債　14,852 ［償還直前の債券価値 $V_4 = 1,005,000$］ （借）現金　　1,005,000	（貸）有価証券利息　14,852 （貸）D 社社債　1,005,000			$990,148 \times r = 14,852$ $990,148 + 14,852 = 1,005,000$

ますが，本来は（a）と（b）とは峻別されるべき別個の経済活動である点を強調しておきます（**図表 10-8**）。

☞　**図表 10-8 における債券価値の変化を図示して，図表 10-3 との違いを検討しましょう。**

■10.4　債券価値が著しく下落しました

　満期保有を目的として債券を取得した場合は，保有している間の金利変動による価格変動のリスクを認める必要がなく，したがって，いわゆる償却原価法にもとづいて算定された価額をもって貸借対照表に計上しました（**図表 10-4；図表 10-8**）[13]。ただし，債券価値が著しく下落した場合には，回復する見込があると認められる場合を除き，時価をもって貸借対照表価額とし，当該切下額は当期の損失として処理します[14]。

　わが国の実践における「著しく下落した場合」とは，個々の銘柄の有価証券の時価が取得原価に比べて 50% 程度以上下落した場合

---

[13]　ASBJ［2008］「金融商品に関する会計基準」71 項。

10.4　債券価値が著しく下落しました　　**97**

とされています。具体的には，格付の著しい低下があった場合や，債券の発行会社が債務超過や連続して赤字決算の状態にある場合などは，回復する見込があるとは認められません[15]。

> [設例 10-3] 設例 10-1 の続きです。F 社（決算日：3 月末）は満期保有を目的として 942,184 円で取得した D 社社債について，20X2 年 3 月 31 日までに債券価値を 956,317 円へと見積り計上していました（**図表 10-4**）。ところが 20X3 年 3 月末になって，D 社の深刻な経営状況の悪化に伴い債券価値を 30 万円にまで減損させる旨を判断しました。

● **図表 10-9　設例 10-3 に関する仕訳**

20X1 年 4 月 1 日：	（借）D 社社債	942,184	（貸）普通預金	942,184
20X2 年 3 月 31 日：	（借）D 社社債	14,133	（貸）有価証券利息	14,133
20X3 年 3 月 31 日：	（借）D 社社債	14,345	（貸）有価証券利息	14,345
	（借）投資有価証券評価損	670,662	（貸）D 社社債	670,662
	［費用の発生］			

　D 社社債の債券価値が著しく下落していることから減損処理をおこないます。ただし，20X3 年 3 月末まで保有していたことに伴う債券の増価 14,345 円を有価証券利息 BI_{20X2} として計上する点は設例 10-1 と変わりません。したがって，増価後の 970,662 円から 30 万円にまで減損させるために，投資有価証券評価損勘定（特別損失）を用いて処理します。

　いったん減損処理をおこなった債券は，「価格変動のリスクがない」という要件を満たさないことから，満期保有目的に区分し続けることができません。したがって，設例 10-3 については，いわゆ

---

[14]　ASBJ［2008］「金融商品に関する会計基準」20 項。ここでの「時価」とは，①互いに独立しており，②知識を有しており，③取引をおこなう能力があり，④自発的に取引をおこなう意思のある，そのような市場参加者で秩序ある取引がなされると想定した場合に，当該取引における資産の売却によって受け取る価格又は負債の移転のために支払う価格をいいます（ASBJ［2019］「時価の算定に関する会計基準」4-5 項）。

[15]　JICPA［2018］「金融商品会計に関する実務指針」91 項。

98　10 章　債券を満期まで保有しましょう

る「売買目的有価証券」もしくは「その他有価証券」へ振り替えた
うえで[16]，20X3 年度以降は毎期末の時価をもって貸借対照表価額
とすることとなります。

☞　債券価値の著しい下落を「減損」として特別損失に計上する意義をかんがえま
しょう。

---

[16]　満期保有目的の区分から他の区分への振替について，通常は厳しい制約が設けられています
（JICPA［2018］「金融商品会計に関する実務指針」83 項）。したがって，設例 10-3 のような減損処
理をおこなった場合の振替はあくまで例外的な取扱である点に留意してください。

10.4　債券価値が著しく下落しました　　**99**

11章
有価証券の時価評価を
かんがえましょう

■11.1　株式価値とは

　　本章では主として，「売買目的有価証券」および「その他有価証券」に区分される有価証券について検討しましょう。とくに，発行済の株式を投資者が売買するための流通市場の存在を前提に議論を進めます[17]。前章で学んだ「満期保有目的の債券」とは異なり，毎期末の時価をもって貸借対照表価額とする，という共通の特徴がみられます。会計処理そのものはいたって単純明快ですが，どうして時価評価をおこなうか，という課題がわれわれ会計学界に横たわっています[18]。

　　長期的な資金調達を目的として発行される株式の特徴を，社債との異同に焦点をあててまとめておきましょう（図表11-1）。資金の提供者は投資のリスクを覚悟しつつも，投資対象となる株式を評価して，それが実際の株価より高ければ「買い注文」をだし，低ければ「売り注文」をだします。どのような仮定を設けたかによって評価の結果は変動するため，株式価値に唯一の「正解」はありません。

---

[17]　たとえば東京証券取引所には，わが国の株式会社（200万社程度）のうち3,639社が上場しています（2018年10月末時点）。なお当然ながら，株式のみならず債券も「売買目的有価証券」や「その他有価証券」に区分されることがあります（図表10-1）。

[18]　多数の文献がありますので，さまざまな考え方に触れてみましょう。
・　斎藤静樹［2016］『企業会計入門（補訂版）』有斐閣。
・　北村敬子（編）［2014］『財務報告における公正価値測定』中央経済社。
・　渡邉泉（編）［2013］『歴史から見る公正価値会計』森山書店。
・　笠井昭次［2010］『現代日本会計学説批判 IV』慶應義塾大学出版会。
・　田中建二［2007］『金融商品会計』新世社。
・　田中弘［2002］『時価主義を考える（第3版）』中央経済社。
・　石川純治［2000］『時価会計の基本問題』中央経済社。

100

● 図表 11–1　投資者からみた社債と株式との異同

	普通社債への投資	普通株式への投資
権利	社債権者として，利払日に所定のクーポンを受領し，償還期限になれば債券金額を回収する権利があります。	株主として，株主総会での議決権行使（共益権）のほか，剰余金の配当や残余財産の分配を請求する権利（自益権）があります。
現金で受領する金額収益	クーポン（10.3 を参照のこと）。	株主総会で決議された「剰余金の配当（案）」により，配当金額収証を受け取ります。
満期保有	債券金額の回収は約束されており，投資元本を毀損するリスクは相対的に低くなります。	満期という概念はありません。会社が「終わり」を迎えると，残余財産が分配されます。
中途売却	流通市場において「買い手」を探さなければなりませんが，市場価格は常に変動しています。	

(*) 実践においては，「転換社債型新株予約権付社債」（株式に転換するオプションが付されている）や「種類株式」（たとえば，優先的に配当を受領できる契約となっている）など，社債と株式との折衷的性格を有する金融商品が登場しています（いずれも，平野智久 [2018]『ケースブック財務会計』新世社，13 章を参照のこと）。

● 図表 11–2　配当割引モデル

$$株式価値 = \sum_{t=1}^{\infty} \frac{t\,期の税引後利益_t \times 配当性向}{(1+r)^t} \fallingdotseq \frac{現金配当_1}{r_1}$$

なお，現金配当は毎期一定と仮定し，r は株主の期待する最低収益率を意味します。

● 図表 11–3　残余利益モデル

$$株式価値 = 株主資本_0 + \frac{税引後利益_1 - 株主資本_0 \times r_1}{1+r_1} + \frac{税引後利益_2 - 株主資本_1 \times r_2}{(1+r_1)(1+r_2)} + \cdots\cdots$$

$$\fallingdotseq 株主資本_0 + \frac{税引後利益_1 - 株主資本_0 \times r_1}{r_1}$$

なお，税引後利益_1 は翌期以降も一定であり，配当性向を 100% と仮定しています。さらに，［期首株主資本＋税引後利益＝期末株主資本］のクリーン・サープラス関係を前提とします。

　最も単純な評価方法は，将来に受領する現金配当を毎期一定と仮定して，その現在価値を株式価値とみなす配当割引モデルでしょう（図表 11–2）。また，より実践に適用できるような工夫が施された残余利益モデルも知られています（図表 11–3）。満期という概念や予想される現金収入の確実性といった相違は拡措き，株式価値と債券価値（図表 10–6）とには「現在価値」という共通した思考がみられます。

　図表 11–3 では，［1 年後に予想される税引後利益］から［株主の期待する最低利益］を差し引いた残余利益を算定し，それを r_1 で除すことによって将来にわたる残余利益の総額を現在価値に変換し，

11.1　株式価値とは　　**101**

さいごに［現在の株主資本］と合算して株式価値を見積ります。期首株主資本という実績値を用いる点に鑑みて，**図表 11-2** よりも実践的な評価方法といわれています [19]。

図表 11-3 の前提として，［税引後利益］と当該期間における［株主資本の増加分 [20]］とが一致している**クリーン・サープラス関係**が成り立っています（**図表 1-4**）。わが国における貸借対照表の「純資産の部」が株主資本と株主資本以外とに区別されている所以であり（**図表 12-2**），財務諸表分析などに際しては細心の注意を払いましょう。

☞ 株主資本 600 万円，税引後利益 170 万円，配当性向 100％，株主の期待する最低収益率 10％と仮定して，**図表 11-2** および**図表 11-3** の評価結果を確認しましょう。

■11. 2　市場で流通している株式を取得しました

株式会社の業績が好調であれば，株主は**受取配当金**を金融収益として認識できるかもしれません（**図表 9-4**）。反対に，業績が芳しくなければ「無配」という場合もあるでしょう。直近の業績や経営方針などに満足できない株主は，多くの場合，保有する株式を第三者に譲り渡す（売却する）ことによって投資を回収します。**流通市場**においては，「いくらで売りたい」と願っている既存株主と「いくらで買いたい」と思っている投資者との取引が頻繁におこなわれています [21]。**図表 11-3** では，現在の株主資本および将来の税引後利益を用いて株式価値を見積りました。そもそも財務会計には「財

---

[19]　たとえば，S. H. ペンマン（荒田映子ほか（訳））［2018］『アナリストのための財務諸表分析とバリュエーション（原書第 5 版）』有斐閣，5 章を参照のこと。

[20]　ただし，次のような**資本取引**（会社と株主との取引）は除きます。
　(a)　有償増資［（借）**普通預金** xxx　（貸）**資本金** xxx］……**12. 4** を参照のこと。
　(b)　利益剰余金の配当［（借）**繰越利益剰余金** xxx　（貸）**未払配当金** xxx］……**12. 1** を参照のこと。

[21]　流通市場でどれだけ株式が売買されたとしても，それは投資者間で金銭と株式とが交換されるだけであって，発行会社の資金調達に直接的な影響はありません。むろん，長期的な観点からは株価の下落は望ましくないため，「自社株買い」も選択肢となるでしょう（**12. 1** を参照のこと）。

102　　11 章　有価証券の時価評価をかんがえましょう

務諸表利用者の意思決定に有用な情報を提供すべし」という役割（意思決定支援機能）が期待されています[22]。とはいえ，各人各様の見積りが意思決定を左右することから，同じ株式銘柄に「買い」と「売り」とが入り乱れる様子はしばしばみられます。

　さて，有価証券の売買契約については，原則として約定日基準にもとづいて仕訳をおこないます[23]。契約の締結時に仕訳をおこなう点は，あくまで有価証券やデリバティブといった金融商品に固有の考え方であることに留意してください[24]。あるいは実践上の簡便法として，買い手は約定日から受渡日までの時価の変動のみを認識し，売り手は売却損益のみを約定日に認識する修正受渡日基準によることも認められています。ふたつの基準の異同は，期末直前に有価証券を取得すると如実に表れます（設例11-1）。

[設例11-1] F社（決算日：3月末）はDS社株式10株について，20X2年3月30日に50/株（通貨単位は省略）で買い注文が成立しました。決算日（3月31日）の株価は51/株，受渡日（4月2日）の株価は53/株でした。なお，各取引に先立って［(借) 普通預金800 (貸) 資本金800］という仕訳を措定し，受渡日には普通預金口座から支払っています。

　本章の冒頭で述べたように，売買目的有価証券やその他有価証券は毎期末の時価をもって貸借対照表価額とします。したがって，期末の時価と帳簿価額（取得原価）との差額を評価差額として認識します（図表11-4）。約定日基準と修正受渡日基準とのいずれを採用しても評価差額10に相違はないこと，約定日基準を採用すると有価証券の頻繁な売買に係る債権債務が膨らむおそれがあること，修

---

[22]　株式価値はあくまで，投資者の自己責任によって見積られます。経営者の役割は企業の経済活動という事実にもとづいた会計情報の開示であり，経営者がみずから株式価値を公表することはありません（ASBJ [2006]「討議資料 財務会計の概念フレームワーク」第1章2, 8, 18項を参照のこと）。

[23]　JICPA [2018]「金融商品会計に関する実務指針」22項（伊藤眞ほか（編）[2009]『金融商品会計の完全解説（改訂8版）』財経詳報社，29–45頁も参照のこと）。

[24]　一般的な商品売買では，練習問題(5.1)①のように，契約の締結時には「仕訳なし」です。

11.2　市場で流通している株式を取得しました　　**103**

● 図表 11–4　設例 11–1 に関する仕訳

	約定日基準（原則）	修正受渡日基準（簡便法）
3 月 30 日	（借）DS 社株式 500（貸）未払金 500	仕訳なし
	（借）DS 社株式 10（貸）評価差額(*) 10	（借）DS 社株式 10（貸）評価差額(*) 10
3 月 31 日	20X1 年度末の［総勘定合計表］ 普通預金　　800　　未払金　　　　500 DS 社株式　510　　資本金　　　　800 　　　　　　　　　　評価差額(*)　　10 合計　　　1,310　　合計　　　　1,310	20X1 年度末の［総勘定合計表］ 普通預金　　800 DS 社株式　 10　　資本金　　　　800 　　　　　　　　　　評価差額(*)　　10 合計　　　　810　　合計　　　　　810
4 月 1 日	（借）評価差額(*) 10（貸）DS 社株式 10	（借）評価差額(*) 10（貸）DS 社株式 10
4 月 2 日	（借）未払金　 500（貸）普通預金 500	（借）DS 社株式 500（貸）普通預金 500

(*) DS 社株式の保有目的によって，評価差額の位置づけは大きく変わります（図表 11–5）。

● 図表 11–5　売買目的有価証券とその他有価証券との異同

	売買目的有価証券	その他有価証券
概要	短期間の価格変動により利益を得る投機を目的として取得した債券や株式などを指します。	「売買目的有価証券」「満期保有目的の債券」「関係会社株式(*1)」以外の有価証券です。
貸借対照表	「流動資産」の区分に表示します。	「投資その他の資産」の区分に表示します。
	取得時：付随費用（証券会社への手数料など）を含めて，有価証券の取得価額とします。 期末：市場価格にもとづいて算定された時価(*2) をもって貸借対照表価額とします。	
評価差額	当期の営業外損益として処理するため，当期純利益の計算に含まれています。	貸借対照表の純資産の部に直入するため，当期純利益の計算とは区別されます。

(*1) 他の会社への支配や影響力の行使を目的として取得した株式をいいます（11.5 を参照のこと）。
(*2) その他有価証券については期末前 1 ヵ月の市場価格の平均にもとづいて算定された価額を用いることも認められていましたが，この例外的な定めは削除されています（ASBJ［2019］「金融商品に関する会計基準」50–4 項）

正受渡日基準を採用すると DS 社株式をどれだけ取得したために評価差額 10 が発生したかがわからないこと，などが読み取れるでしょう。

　ところで，設例 11–1 には F 社が DS 社株式を取得した意図（保有目的）が明示されていません。有価証券の会計処理は，取得時における経営者の保有意図が重視されます。運用方針や売買の実態に変化がなければ，保有目的区分の変更はできません（図表 11–5）。

☞　有価証券の取得時に定めた「保有目的」を正当な理由なく恣意的に変更してはならない理由について，図表 11–5 や 10 章注 8 を参照してかんがえましょう。

■11.3　売買目的有価証券とは

　売買目的有価証券とは，短期間の価格変動により利益を得る投機を目的として取得する債券や株式などを指します。無理なく売買できる量を日常的に取引しているものと推察され，したがって，決算日に保有している売買目的有価証券は1年以内の現金化が容易に想像できることから，流動資産の区分に表示されます。

　さらに，売却することについて事業遂行上の制約がないことから[25]，「期末に保有している売買目的有価証券を売ったとしたら，利益はいくらか」といった考え方が浸透しているようです。期末までの価格変動を有価証券運用損益として損益計算に組み入れる背景には，市場価格の変動そのものを投資への期待に見合った成果とする考え方が知られています[26]。

> [設例11-2] F社（決算日：3月末）はDS社株式10株について売買目的有価証券として取得する旨を決め，20X2年3月30日に50/株（通貨単位は省略）で買い注文が成立しています。決算日（3月31日）の株価は51/株，受渡日（4月2日）の株価は53/株であり，代金は普通預金口座から支出しています。その後，4月9日に56/株で10株すべての売却が成立しました。約定日基準によった場合の一連の仕訳をかんがえましょう。

　前期末（3月31日）の時価評価について，翌期首（4月1日）の再振替によって取得価額（500）へ戻す洗替方式と，再振替をおこなわず前期末の時価（510）で据え置く切放方式とが認められています。初学者を対象とした教育の現場では，3月31日（および4月1日）の運用損益は「評価損益」に対して，4月9日の運用損益は「売却損益」といった区別がなされます。しかしながら本書では，

---

[25]　ASBJ [2008]「金融商品に関する会計基準」70項。
[26]　仮に売買目的有価証券の時価が下落したならば，それ自体が「負の成果」として営業外損益に算入されます（ASBJ [2006]「討議資料 財務会計の概念フレームワーク」第4章57項も参照のこと）。

11.3　売買目的有価証券とは　　**105**

● 図表 11-6　設例 11-2 に関する仕訳

	洗替方式	切放方式
3月30日	(借) DS 社株式 500 (貸) 未払金　500	(借) DS 社株式 500 (貸) 未払金　500
3月31日	(借) DS 社株式 10 (貸) 運用損益　10	(借) DS 社株式 10 (貸) 運用損益　10
4月1日 (再振替)	(借) 運用損益　10 (貸) DS 社株式 10	仕訳なし
4月2日	(借) 未払金　500 (貸) 普通預金 500	(借) 未払金　500 (貸) 普通預金 500
4月9日	(借) 未収入金　560 (貸) DS 社株式 500 運用損益　60	図表 11-7(*3) を参照のこと。
含意	再振替仕訳により，DS 社株式の帳簿価額を 500 に戻します。したがって，4月9日の運用損益は 60 となります。	人為的に会計期間を区切っただけであり，4月1日に DS 社株式の帳簿価額を 500 へ戻す意義はありません。

● 図表 11-7　図表 11-6 に関する本書の理解

	市場価格 ×10 株	洗替方式 「商品売買に準ずる」		切放方式 「一貫して時間的報酬と捉える」	
3月30日	500	支出額	DS 社株式を「買った」ので支出したとみる。	収入額(*1)	DS 社株式に投資して0日が経ったとみる。
3月31日	510	収入額	510－500＝評価益 10 (収支差額)	収入額	510－500＝評価益 10 (収入差額)
4月1日 (再振替)	510	?(*2)	500－510＝評価損 10 (前期末の反対仕訳)	仕訳なし	
4月9日	560	収入額	560－500＝売却益 60 (収支差額)	収入額(*3)	560－510＝評価益 50 (収入差額)

(*1) 9 章注 2 や 10 章注 11 と同様の発想が，ここにもみられます。
(*2) 4月1日の市場価格にかかわらず，3月30日に「買った」価格 50/株へ修正します。
(*3) 切放方式を採用した場合の一般的な仕訳も，本書の理解とは大きな違いがみられます。

一般的な仕訳	本書の理解
(借) 未収入金　560 (貸) DS 社株式 510 売却益　50	(借) DS 社株式　50 (貸) 評価益　50 (借) 未収入金　560 (貸) DS 社株式 560
3月31日の評価益と4月9日の売却益とは別物といった取扱がなされています。	保有による時間的報酬と捉えるのであって，売却による [収益の発生] とはみていません。

　4月9日の「売却損益」の論拠は乏しく，また，売買目的有価証券については切放方式が合理的であると理解しています（図表 11-7）。
　そもそも債券価値や株式価値には，11.1 でみたように現在価値の考え方が背後にありました。市場参加者が DS 社株式を評価した結果が 50/株や 56/株といった日々の市場価格に表れているともいえるでしょう。したがって，その市場価格にもとづく帳簿価額（500 や 560）も当該株式に投資した成果として期待される [将来収入額] の現在価値，といった首尾一貫した理解が可能となります[27]。
　3月31日には市場価格が 50/株から 51/株へ上昇したため，「評

106　11 章　有価証券の時価評価をかんがえましょう

益 10」を認識しています。これは DS 社株式を 1 日間保有したことに対する時間的報酬と捉えられ，510 と 500 との収入差額として算定されます。会計期間を人為的に 3 月 31 日と 4 月 1 日とで区切っているだけであって，4 月 1 日の市場価格 51/株にかかわらず 3 月 30 日の取得価額（500）に戻す洗替方式は企業の経済活動を表現できているといえるでしょうか[28]。

4 月 9 日についても同様に理解できます。市場価格が 51/株から 56/株へ上昇したために認識する時間的報酬は，一般的な「売却益 50」ではなく，やはり「評価益 50」といった性格づけがなされるでしょう（**図表 11–7，*3**）。期末の「評価損益」と売却時の「売却損益」といった区別は妥当ではないと解する所以です。

☞ 設例 11-2 について，受渡日（4 月 2 日）の株価は 53/株へ上昇しています。図表 11-7 をみた某君は「受渡日にも運用損益 20 を認識すべきである」と主張しています。この見解の当否について検討しましょう。

■11. 4　その他有価証券とは

その他有価証券とは，「売買目的有価証券」「満期保有目的の債券」「関係会社株式」以外の有価証券をいいます。具体的には，円滑な融資を目的として金融機関の株式を保有する事例や，取引先との関係の維持・強化を目的として会社間で相互に株式を保有する事例が挙げられます。こういった持ち合いは各種の取引や株主総会の

---

27)　本書の理解は，たとえば，笠井昭次［2014］「投機目的有価証券の会計処理の再構成」『三田商学研究』57(1)，1–26 頁に負うところが多くあります。

28)　蛇足ながら，洗替方式には商品売買における「過去にいくらで買ったか」といった観点が見え隠れします。3 月 30 日に 50/株で「買った」と捉えると，3 月 31 日は 51/株との差額による（擬似）売却益 10 を認識し，その裏返しとして，翌期首には再取得（買い戻し）を観念します。このとき，「買った」価格 50/株に DS 社株式の帳簿価額を修正するためには何らかの損失を認識せざるを得ませんが，どのような意味があるでしょうか。

3 月 31 日：	（借）未収入金	510	（貸）DS 社株式	500
			擬似売却益	10
4 月 1 日：	（借）DS 社株式	500	（貸）未収入金	510
	何らかの損失	10		

円滑化という効果の裏返しとして，「市場で値上がりしていても売却しづらい」という制約を伴います[29]。

他方で，漠然と保有しているだけの有価証券であれば，売却に事業遂行上の制約があるともいいきれません[30]。かように多様な有価証券をひとくくりにしては曖昧模糊とした印象を与えるかもしれませんが，現行制度においては，（1）毎期末に時価評価したうえで[31]，（2）評価差額は純資産の部へ直入する[32]，といった特殊な定めとなっています（設例 11-3）。そして（3）翌期首には，洗替方式により前期末の時価から取得原価へ帳簿価額を戻します[33]。

[設例 11-3] F 社（決算日：3 月末）は取引関係のある DO 社株式を，20X1 年 6 月に 500（通貨単位は省略）で取得しています。20X2 年 3 月末の時価は 480 に下落しました。その後，20X3 年 2 月に 60％を 315 で売却しています。保有したままの残り 40％について，20X3 年 3 月末の時価は 225 に上昇しました。便宜上，税効果を考慮せず[34]，現金取引とします。

仮に F 社が他社を傘下におく企業集団を構成しているならば，F 社を親会社とする連結財務諸表も作成します[35]。このとき，損益計

---

[29] 東京証券取引所が 2018 年 6 月に改訂した「コーポレートガバナンス・コード」では，株式を持ち合う説得的な理由がないならば売却する旨が求められています。こうした動きを承けたものか，近年では徐々に持ち合いの解消が進んでいるようです（平野智久 [2018]『ケースブック財務会計』新世社，32 頁も参照のこと）。

[30] 10 章注 8 も参照のこと。

[31] 時価評価の必要性については，ASBJ [2008]「金融商品に関する会計基準」64-66 項を参照のこと。

[32] 本書では全部純資産直入法により議論を進めますが，実践においては部分純資産直入法（銘柄ごとに負の評価差額を営業外費用とする）の継続適用も認められています。

[33] その他有価証券の洗替方式については，「一方で B/S（財務報告）に時価が表示され，他方で売却時に売却時価と取得原価の差額が売却損となり，これは取得原価主義会計となんら変わりはない。つまり，一方で時価の「開示」を行い（決算時の会計処理→財務報告），他方で従来の原価主義の枠内で利益の「計算」が行われる（期首反対仕訳→開示が終われば社内的にもとに戻す，擬制仕訳）。ここに開示と計算の 1 つの矛盾がある……ここで指摘したいのは，財務報告（時価開示）から「取引」記録への規定性，逆からいえば記録計算の時価開示への従属性である」という興味深い分析がみられます（石川純治 [2013]「情報開示，利益計算，包括利益（Ⅱ）」『駒澤大学経済学論集』45(2)，7 頁）。

[34] 平野智久 [2018]『ケースブック財務会計』新世社，設例 10-4 では税効果を考慮しています。

[35] 連結貸借対照表については，14.2 以降を参照のこと。

● 図表 11-8　設例 11-3 に関する仕訳

| 20X1 年 6 月： | （借）DO 社株式 | 500 | （貸）現金 | 500 |
| 20X2 年 3 月 31 日： | （借）評価差額^(*) | 20 | （貸）DO 社株式 | 20 |

20X1 年 6 月：　　　　　（借）DO 社株式　　　　500　　（貸）現金　　　　　　　　500
20X2 年 3 月 31 日：　　（借）評価差額^(*)　　20　　（貸）DO 社株式　　　　20
　　　　　　　　　　　　　　［純資産の減少］　　　　　　　　［資産の減少］
＊ ＊ ＊ ＊ ＊ ＊ ＊ ＊ ＊ ＊ **20X1 年度決算** ＊ ＊ ＊ ＊ ＊ ＊ ＊ ＊ ＊ ＊
20X2 年 4 月 1 日：　　　（借）DO 社株式　　　　20　　（貸）評価差額^(*)　　20
　　　☞　洗替方式により，前期末の時価から取得原価（500）へ戻す。
20X3 年 2 月：　　　　　（借）現金　　　　　　315　　（貸）DO 社株式　　　　300
　　　　　　　　　　　　　　　　　　　　　　　　　　投資有価証券売却益　15
　　　　　　　　　　　　　　　　　　　　　　　　　　　［収益の発生］
20X3 年 3 月 31 日：　　（借）DO 社株式　　　　25　　（貸）評価差額^(*)　　25
　　　　　　　　　　　　　　［資産の増加］　　　　　　　　　［純資産の増加］
＊ ＊ ＊ ＊ ＊ ＊ ＊ ＊ ＊ ＊ **20X2 年度決算** ＊ ＊ ＊ ＊ ＊ ＊ ＊ ＊ ＊ ＊
（*）仕訳上の「評価差額」は，正確には「その他有価証券評価差額金」と記入します。

算書によって［収益−費用＝当期純利益］の内訳を明らかにするほか，包括利益計算書によって［当期純利益＋その他の包括利益＝包括利益］も開示しなければなりません（図表 11-9）。設例 11-3 では 20X1 年度末にその他有価証券の時価評価をおこない，20X2 年度にその一部を売却しています。F 社が連結財務諸表を作成するならば，20X1 年度末におけるその他有価証券評価差額金 △20 はその他の包括利益として認識しており，その一部が 20X2 年度に投資有価証券売却益 15 として当期純利益に含まれることから，利益の二重計上を懸念する指摘が国際的な会計基準（IFRSs）などにみられます 36)。

　この点については，当期純利益と包括利益のいずれを重視するかが肝腎となります。わが国は「純損益は包括的な指標であるべきであり，その他の包括利益に含まれた項目はすべて，その後，純損益へのリサイクリング処理が必要である」との主張を堅持しており 37)，具体的には「当期純利益を構成する項目のうち，当期又は過去の期

---

36)　たとえば，「投資に対する利益の認識は一度だけとすべきであって，その他の包括利益として認識した後に当期純利益に振り替える処理は不適切である」といった記述に，IFRSs の考え方が表れているといえるでしょう（IFRS 9: *Financial Instruments*, par.BC5.25（b）, Oct.2017）。とはいえ，IFRSs には組替調整をおこなう項目もあって（IAS 21, par.48; IFRS 9, par.6.5.11（d）（ii）），一貫性がみえづらくなっています。
37)　ASBJ［2018］「その他の包括利益の会計処理（修正国際基準第 2 号）」18 項。

11.4　その他有価証券とは　　**109**

● 図表 11-9　その他有価証券評価差額金の組替調整（リサイクリング）

設例 11-3 について，各取引に先立って［（借）普通預金 500（貸）資本金 500］という仕訳を措定します。さらに，20X2 年度の諸収益 1,000，諸費用 800 および法人税等 85 を所与とします。

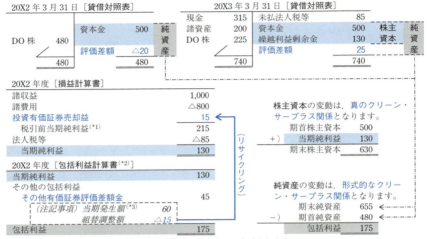

(*1) 連結財務諸表では「税金等調整前当期純利益」として表示されます。
(*2) 現行制度において，包括利益の表示は連結財務諸表にのみ適用されています。
(*3) その他有価証券評価差額金の増減内訳は注記により開示されますが，「当期発生額 60」は，前期末△20＋当期発生額（　　）＋組替調整額△15＝当期末 25。ゆえに，逆算によって求めます。

間にその他の包括利益に含まれていた部分は，組替調整額として，その他の包括利益の内訳項目ごとに注記する」と定められています（図表 11-9，→）[38]。

☞　図表 11-9 をみながら，貸借対照表や損益計算書（包括利益計算書）がどのように連繋しているかを検討しましょう。
※　ふたつのクリーン・サープラス関係は，どのように導出されているでしょうか。

■11.5　配当金を受領しました

　　　　　　株式会社は経済活動によって獲得した税引後当期純利益について，

[38] ASBJ［2013］「包括利益の表示に関する会計基準」9 項。

● **図表 11–10　配当割引モデルを用いた利益および配当の関係**

$$株式価値_0 = \frac{現金配当_1}{1+r} + \frac{現金配当_2}{(1+r)^2} + \cdots + \frac{現金配当_t}{(1+r)^t}$$

$$株式価値_0 \times (1+r) = 現金配当_1 + \frac{現金配当_2}{1+r} + \cdots + \frac{現金配当_t}{(1+r)^{t-1}}$$

$$株式価値_0 \times (1+r) - 現金配当_1 = \frac{現金配当_2}{1+r} + \cdots + \frac{現金配当_t}{(1+r)^{t-1}} = 株式価値_1$$

したがって，

$$株式価値_0 + 税引後利益 - 現金配当_1 = 株式価値_1$$

株主への配当として還元するか，それとも将来の投資のために内部留保するかを株主総会で決議します。株式価値を毎期の配当から割り引いて見積る**図表 11–2** を利用すると，金融論と会計学との接点を見出すことができるでしょう（**図表 11–10**）。

　一定の日（基準日）に株主であることをもって，当該株主は剰余金の配当を受ける権利を有します[39]。たとえば配当直前の株価を 100 円/株，配当を 3 円/株とすると，株主の視点からは「現金配当 3 円を受け取った直後の株式価値は理論上 97 円/株」となるように，剰余金の配当がなされた瞬間の株式価値が下がる様子は俗に配当落ちといわれます。

[設例 11-4] F 社（決算日：3 月末）は 20X1 年 11 月 1 日に DE 社の発行済株式 25％を 2,000（通貨単位は省略）で取得し（普通預金口座から支出），DE 社を持分法適用会社としました。同日時点での DE 社の資産は 20,000，負債は 12,000 とします。DE 社は 20X2 年 3 月期に純利益 6,000 を計上し，F 社が保有する DE 社株式の時価は 20X2 年 3 月末に 2,300 まで上昇しました。20X2 年 6 月 25 日に剰余金の配当 1,800 をおこなっています。配当原資がその他利益剰余金の場合とその他資本剰余金の場合，それぞれの仕訳をかんがえましょう。

---

[39]　会社法 105 条 1 項：124 条。

● 図表 11-11　配当を受領したときの仕訳

その他利益剰余金の配当：	（借）現金	450	（貸）受取配当金	450
				［収益の発生］
その他資本剰余金の配当：	（借）現金	450	（貸）DE 社株式	450
				［資産の減少］

　2006 年 5 月に施行された会社法における「剰余金の配当」はふたつに大別できます。その他利益剰余金の配当とは，会社が獲得した果実（利益）の一部を株主に還元する取引であり，株主は受取配当金勘定（収益）で処理します。その他資本剰余金の配当とは，過去に拠出した元手（資本）の一部を株主に払い戻す取引であり，したがって株主は保有する株式の帳簿価額を減少させます[40]。このように配当原資がその他利益剰余金とその他資本剰余金とのいずれかを重視する会計学に対して（図表 11-11），金融論では「（原資にかかわらず）現金配当は将来の株式価値を先喰いしただけ」と理解します（図表 11-10）。

　ところで，設例 11-4 における F 社と DE 社とは「投資会社と関連会社（被投資会社）」といった，財務及び営業又は事業の方針の決定に対して重要な影響を与えることのできる関係に該当します[41]。子会社株式と関連会社株式とを総称して「関係会社株式」といいますが（図表 10-1），これらは他社への支配または重要な影響力の行使を目的として保有することから，株価の細かな変動は無視できるでしょう[42]。むしろ，DE 社への投資成果は F 社が重要な影響力を行

---

[40]　ただし，当該株式を「売買目的有価証券」として保有していた場合には，配当の原資にかかわらず収益計上することが適切とされています（ASBJ［2005］「その他資本剰余金の処分による配当を受けた株主の会計処理」12 項）。

[41]　他の企業の議決権の 20％以上を所有している場合のほか，取締役の派遣や重要な融資をおこなっているなどの場合も含みます（ASBJ［2008］「持分法に関する会計基準」5-2 項）。ただし，他の企業の意思決定機関（株主総会など）を支配している場合には「親会社と子会社」という関係です（14.3 も参照のこと）。

[42]　株価が上昇したからといって株式を売却してしまうと，他社への支配または影響力の行使といった保有目的を達成できなくなるおそれがあるからです。むろん，時価（時価を把握することが極めて困難と認められる場合には 1 株当たり純資産にもとづく実質価額）の著しい下落が生じたときに減損処理をおこなう点は「満期保有目的の債券」や「その他有価証券」と変わりありません。

112　　11 章　有価証券の時価評価をかんがえましょう

● 図表 11-12　持分法を用いた設例 11-4 に関する仕訳

	個別上の仕訳	持分法での連結修正	DE 社株式
20X1/11/1 （投資日）	（借）DE 社株式　2,000 （貸）普通預金　2,000	仕訳なし(*1)	（個別）2,000 （連結）2,000
20X2/3/31 （期末）	仕訳なし	（借）DE 社株式　625 （貸）持分法による投資損益 625(*2)	（個別）2,000 （連結）2,625
20X2/6/25 （配当日）	（借）現金　450 （貸）受取配当金(*3) 450	（借）受取配当金　450 （貸）DE 社株式　　　　　450	（個別）2,000 （連結）2,175

(*1) 投資会社の投資日における投資額（2,000）とこれに対応する被投資会社の資本（DE 社の純資産額 8,000×25％）とが等しいため，設例 11-4 では「仕訳なし」です。差額が生じる場合については，14.5 を参照のこと。

(*2) 投資の日以降における DE 社の損益を F 社の投資額に加減算させるため，持分法による投資損益は DE 社純利益 6,000× 持分比率 25％×（5 ヵ月／ 12 ヵ月）＝625 となります。

(*3) 配当原資がその他利益剰余金だった場合を想定しています（図表 11-11）。配当原資がその他資本剰余金の場合には，連結修正は不要です。

使した結果であるという観点からは，（株価の変動ではなく）DE 社の業績や経済活動そのものに焦点を当てる持分法が有用です。わが国の現行制度では，F 社の個別財務諸表から F 社を親会社とする連結財務諸表を作成する手続（連結修正）として採用されています（図表 11-12）。

　持分法を適用した F 社は，投資の日以降における DE 社の損益のうち F 社の持分に見合う額を算定して DE 社株式の額を増減させ，当該増減額を当期純利益の計算に含めます。設例 11-4 の場合には，「DE 社が 20X2 年 3 月期に純利益 6,000 を計上できた背後には，20X1 年 11 月から（5 ヵ月の間）F 社が 25％を拠出した投資の事実がある」と解することで，持分法による投資損益を営業外収益の区分に 625 だけ計上します（図表 11-12，*2）。と同時に，投資の額（DE 社株式）2,625 も［当初額 2,000＋増価分 625］と算定されます[43]。

　20X2 年 6 月 25 日，DE 社は剰余金の配当をおこなっています。F 社にとっては被投資会社 DE 社から配当金 450 を受け取っている状

---

[43]　反対に DE 社が純損失 6,000 を計上した場合には［（借）持分法による投資損益 625（貸）DE 社株式 625］と仕訳され，したがって，持分法による DE 社株式の額は［2,000－625＝1,375］と算定されます。

11.5　配当金を受領しました　**113**

況について，持分法によれば［配当直前の投資の額 2,625 −配当金額 450 ＝配当直後の投資の額 2,175］といったように，当該配当金に相当する額を DE 社株式の額から減額します[44]。振り返ってみれば，［当初投資額 2,000 ＋利益増価分 625 −配当金額 450 ＝配当直後の投資の額 2,175］（図表 11–12）は，［株式価値$_0$＋税引後利益$_1$−現金配当$_1$＝株式価値$_1$］（図表 11–10）と同じ形です。この点で，持分法は金融論の考え方を会計学に取り入れた処理である，とみることもできるでしょう。

☞　保有株式に係る受取配当金（その他利益剰余金の配当）と保有債券に係るクーポン（図表 10–7）との異同について，図表 9–4 も参照しながら検討しましょう。

---

[44]　ASBJ［2008］「持分法に関する会計基準」14 項。

114　　11 章　有価証券の時価評価をかんがえましょう

12章
資金調達を見直しましょう

■12.1　株主還元をおこないました

　　株式会社が獲得した税引後当期純利益は損益計算書の末尾に示されると同時に，貸借対照表では株主資本の一部である繰越利益剰余金に蓄積されました（図表1–4；図表11–9）。株主から拠出された元手たる払込資本と会社が獲得した果実たる留保利益との区別は，適正な期間損益を算定する観点からも求められます（図表12–1）。

　　これに対して，実践上の分配可能額は会社債権者を害さない範囲を定めた会社法の概念であって，会計学のような「元手か果実か」といった区分とは異なります（図表12–2）。3月決算の株式会社では6月末までに株主総会を開催し，分配可能額の範囲内でどれだけ株主へ還元するかを決議します。財務会計には，かような会社債権者と株主との間に存在する対立を解消する役割（利害調整機能）も期待されていることを忘れてはいけません。

● 図表12-1　払込資本と留保利益

		会計学の観点	会社法の観点（分配可能性）
資本金		払込資本	×
資本剰余金	資本準備金		
	その他資本剰余金		○　……払込資本でも分配できます。
利益剰余金	利益準備金	留保利益	×　……留保利益でも分配できません。
	その他利益剰余金		○
自己株式		……株主資本全体からの控除（12章注46を参照のこと）	

115

● 図表 12-2　K 社における 20X6 年 3 月 31 日時点での純資産の部

株主資本		分配可能額の算定	
資本金	100,000	(1) **剰余金の額**（会社法 446 条）	
資本剰余金		その他資本剰余金	24,000
資本準備金	10,000	+) 　その他利益剰余金	
その他資本剰余金	24,000	任意積立金	62,000
資本剰余金合計	34,000	繰越利益剰余金	105,000
利益剰余金			191,000
利益準備金	13,000		
その他利益剰余金		(2) **分配可能額**（会社法 461 条 2 項）	
任意積立金	62,000	剰余金の額	191,000
繰越利益剰余金	105,000	-) 　自己株式の帳簿価額	13,000
利益剰余金合計	180,000	-) 　その他有価証券評価差額	
自己株式	△13,000	金（負の場合に限る）(*)	2,000
株主資本合計	301,000	-) 　のれん等調整額のうち控	
評価・換算差額等		除すべき額(*)	0
その他有価証券評価差額金	△2,000		176,000
新株予約権	1,000	(*) 平野智久［2018］『ケースブック財務会	
純資産合計	300,000	計』新世社，221–222 頁を参照のこと。	

[設例 12-1]　K 社は自己株式 20,000（通貨単位は省略）を限度に流通市場から取得する旨を株主総会で決議しました。20X5 年 8 月に証券会社をつうじて 130/株で 150 株を取得し，手数料 200 とあわせて普通預金口座から支払っています。その後，再放出による希薄化が市場で懸念されていたため 20X6 年 1 月に 50 株を消却しており，20X6 年 3 月末で保有する自己株式は 100 株となりました。一連の資本政策について仕訳をかんがえましょう。

　　純資産額が 300 万円を下回らない株式会社は，分配可能額の範囲内で，俗に「自社株買い」ともいわれる自己株式の取得[45]が認められています。株式を取得したからといって，発行会社自身が配当金を受領するなどの権利を行使することはできません。したがって 1 株当たり当期純利益などの指標は上昇し，ひいては既存株主の保有する株式価値を相対的に高める株主還元につながります。

　　自己株式の性格については，（過去に発行した）株式を市場から引き揚げると同時に株主へ払い戻した，といったような資本控除説

[45]　自己株式を無償で取得した場合には「仕訳なし」ですので，本書では有償取得を前提とします。

116　　12 章　資金調達を見直しましょう

● 図表 12-3　設例 12-1 に関する仕訳

20X5 年 8 月：	（借）	自己株式 [潜在的な資本の減少]	19,500	（貸）	普通預金	19,700
		支払手数料 [費用の発生]	200			
20X6 年 1 月：	（借）	その他資本剰余金 [資本の減少]	6,500	（貸）	自己株式	6,500

が採られています[46]。株式を発行したときに認識した資本金（及び資本準備金）の額は据え置いたまま，引き揚げた自己株式の額だけ△印を付して控除させます。自己株式を取得しただけでは発行済株式総数は減少しないことから，[潜在的な資本の減少] と捉えられるでしょう（図表 12-3）。有価証券の取得に係る付随費用（証券会社への支払手数料など）は取得価額に含めましたが（設例 10-1 など），自己株式の取得に係る付随費用は資金調達に係る金融費用として営業外費用に計上します[47]。

　自己株式を取得した後の対応は，経営者にとっても投資者にとっても気が抜けません。まずは，追加の資金調達をおこなうときに市場へ再放出させる自己株式の処分です（設例 12-7）。自己株式の取得が株主還元であったならば，市場への再放出は既存株主にとって 1 株当たり当期純利益などの指標が下落する希薄化を生じさせる「脅威」となり得ます。会社はさまざまな意図をもって自己株式を「金庫株」としておきますが，既存株主にその使途が不明瞭と判断されてしまうと株価の下落にもつながりかねません。

　したがって，かような希薄化の懸念を払拭すべく，自己株式の消却によって発行済株式総数そのものを減らしてしまうといった手段も有効です（設例 12-1）。具体的には，消却手続が完了したときに消却の対象となった自己株式の帳簿価額をその他資本剰余金から減

---

[46]　どの「資本」から控除するかは諸説ありますが，本書では，株主資本全体からの控除という純資産の部の表示を尊重します（平野智久 [2018]『ケースブック財務会計』新世社，225 頁も参照のこと）。

[47]　ASBJ [2015]「自己株式及び準備金の額の減少等に関する会計基準」50–54 項。

額させます[48]。自己株式の取得から消却までをとおしてみれば，拠出された資本を株主に返金するいわゆる有償減資と同等の効果が得られるとみてよいでしょう[49]。

[設例 12-2] 20X6 年 6 月 24 日に開催された K 社の株主総会では，繰越利益剰余金 105,000（通貨単位は省略）の配当および処分について，[株主への配当 25,000，利益準備金（各自算定），任意積立金 10,000］と決議されました。図表 12-2 をみながら，仕訳をかんがえましょう。

　分配可能額から株主にいくら支払うか（剰余金の配当）も株主還元の代表格です。利益の多寡にかかわらず「1 株当たり〇円」という配当金額を維持しようとする安定配当型と，配当支払額÷前期純利益の割合を一定に保つことで利益の多寡に応じて配当金額を変動させる配当性向型とに大別されます。いずれにしても，株主総会で決議された剰余金の配当は後日に支払われるまで未払配当金勘定（負債）を用いて処理します。

　無制限に会社財産を流出させてしまうことのないよう，会社法では一定程度の債権者保護が図られています（図表 12-1）。具体的には，社外に流出させる金額の 10 分の 1 を（配当原資に応じた）準備金として積み立てます。ただし，資本準備金と利益準備金との合計が資本金の 4 分の 1 に達した場合には，それ以上に準備金を積み立てる必要はありません（図表 12-4）。

　設例 12-2 では繰越利益剰余金から任意積立金へ 10,000 だけ振り替える旨の決議がなされています。かような振替は剰余金の処分といわれ，さしあたり剰余金の配当などで社外に流出させることのないように積み立てていると理解できるでしょう。なお，図表 12-5 の状況で「とある目的のために現金 72,000 を積み立てている」わ

---

[48]　自己株式の消却によってその他資本剰余金の残高が負の値となった場合には，期末に ［(借)繰越利益剰余金 xxx（貸）その他資本剰余金 xxx］と仕訳することで，その他資本剰余金を零まで戻します（ASBJ［2015］「自己株式及び準備金の額の減少等に関する会計基準」11-12 項）。
[49]　平野智久［2018］『ケースブック財務会計』新世社，図表 12-5。

118　　12 章　資金調達を見直しましょう

● 図表 12–4　設例 12–2 に関する仕訳

20X6 年 6 月 24 日：　（借）繰越利益剰余金　　37,000　　（貸）未払配当金　　25,000
　　　　　　　　　　　　　　　［資本の減少］　　　　　　　　　　　　［負債の増加］
┌───┐
│ 準備金の積立額……①と②とのいずれか小さい額　　　　　　　　　　　利益準備金　　2,000 │
│ ① 資本金 ×1/4－（資本準備金＋利益準備金）＝2,000 ☆　　　　　　　［資本の増加］ │
│ ② 配当支払額 ×1/10　　　　　　　　　　　　＝2,500　　　　　　　　任意積立金　　10,000 │
└───┘　　　　　　［資本等の増加］
20X6 年 7 月：　　　　　（借）未払配当金　　25,000　　（貸）普通預金　　25,000

● 図表 12–5　設例 12–2 に関する株主資本の計数変動

株主資本		株主資本の計数変動		設例 12–2 の場合
資本金	100,000			100,000
資本剰余金		(*1)	払	
資本準備金	10,000		込 資	10,000
その他資本剰余金	24,000		本（元手）	24,000
資本剰余金合計	34,000			34,000
利益剰余金				
利益準備金	13,000		留	+2,000　15,000
その他利益剰余金		(*1)	保 利 益	
任意積立金	62,000		（果実）	+10,000　72,000
繰越利益剰余金	105,000			△37,000　68,000
利益剰余金合計	180,000	(*2)		△25,000　155,000
自己株式	△13,000			△13,000
株主資本合計	301,000			276,000

(*1) 払込資本の内部または留保利益の内部における変動であり，資本と利益とは区別します。
一会計期間におけるこれらの変動は株主資本等変動計算書によって開示されています。
(*2) 繰越利益剰余金が零を下回った場合には，払込資本によって繰越損失を解消することがで
きます（平野智久［2018］『ケースブック財務会計』新世社，212 頁も参照のこと）。

けではありません。K 社のこれまでの経済活動によって蓄積した
「利益」の一部が任意積立金とされているだけであって，同額の
「現金」が手許にあるかはまったく別の問題です（図表 8–12）。

☞　その他資本剰余金の配当や自己株式の取得は，会計学では「資本の払戻」としてそ
の他利益剰余金とは別個に捉えていますが，会社法（や金融論）では「株主還元」
「剰余金の配当」として一緒くたにされています。この違いはどこに起因するか，検
討しましょう。

12.1　株主還元をおこないました　　119

■12.2 投資者に債券を発行しました

[設例 12-3] D 社（決算日：3 月末）は 20X1 年 4 月 1 日に図表 10-2 の普通社債（額面金額 100 万円，表面利率 0.5％，利払日は毎年 3 月 31 日，償還期限は 20X5 年 3 月 31 日）を発行し，F 社から 961,456 円が普通預金口座に振り込まれました。この収入額と額面金額との差額は，償却原価法（利息法，実効利率 1.5％）により処理します。

● 図表 12-6　設例 12-3 に関する仕訳および各年度末における債券価値

	仕訳[*]	$r=1.5$％ （円未満を四捨五入）
20X1/4/1	（借）普通預金 961,456　（貸）社債　961,456 [債券価値 $V_0 = 961,456$]	図表 10-6 を参照のこと。
20X2/3/31	（借）社債利息　14,422　（貸）社債　14,422 （借）社債　　　5,000　（貸）普通預金　5,000 [債券価値 $V_1 = 970,878$]	$961,456 \times r = 14,422$ $961,456 + 14,422 - 5,000$ $= 970,878$
20X3/3/31	（借）社債利息　14,563　（貸）社債　14,563 （借）社債　　　5,000　（貸）普通預金　5,000 [債券価値 $V_2 = 980,441$]	$970,878 \times r = 14,563$ $970,878 + 14,563 - 5,000$ $= 980,441$
20X4/3/31	（借）社債利息　14,707　（貸）社債　14,707 （借）社債　　　5,000　（貸）普通預金　5,000 [債券価値 $V_3 = 990,148$]	$980,441 \times r = 14,707$ $980,441 + 14,707 - 5,000$ $= 990,148$
20X5/3/31	（借）社債利息　14,852　（貸）社債　14,852 [償還直前の債券価値 $V_4 = 1,005,000$] （借）社債　1,005,000　（貸）普通預金　1,005,000	$990,148 \times r = 14,852$ $990,148 + 14,852 = 1,005,000$

（*）設例 12-3 は設例 10-2 を発行会社（D 社）の立場からみており，図表 10-8 とは勘定科目のみが異なる仕訳となっています。したがって，計算の方法から背景にある考え方まで 10.3 を参照のこと。

社債を発行して額面金額と異なる現金収入があった場合，当該差額は発行会社が負担すべき時間的報酬であって，社債利息勘定（費用）を用いて処理します（図表 12-6）。

発行会社の信用力が低いほど，また，償還期間が長いほど，国債の利回り（無リスク金利）に上乗せする金利（リスクプレミアム）を大きくしないと債券の買い手がつきません。設例 12-3 の D 社は実効利率 $r=1.5$％で 961,456 円を調達できています。D 社と同時期に同一条件の社債を発行した DG 社が 972,820 円を調達したとすれば，DG 社の実効利率 $r=1.2$％は信用力の差異だけ相対的にリスク

120　12章　資金調達を見直しましょう

プレミアムが小さいと判断されます。同一条件の債券を同時期に発行した企業であれば上乗せ金利が参考となり得るのであって，そもそも上乗せする前の国債の利回りに大差がある状況では「信用の物差し」という機能を期待できないことは言を俟たないでしょう[50]。

☞　EDINET（金融商品取引法にもとづく電子開示システム）などを活用して，有価証券報告書の「社債明細表」から，償還期間と表面利率との関係を調べましょう。

■12.3　新株予約権を発行しました

　新株予約権とは，株式会社に対して行使することによって当該会社の株式の交付を受けることができる権利をいいます。権利行使に際しては，その時点での実際の株価にかかわらず所定の権利行使価格にもとづく価額を払い込むことで株式が交付されます。権利を行使して初めて「株主」となるのであって，それまでは「新株予約権者」という立場です。

　株式会社が新株予約権を発行する目的には，既存株主に無償で割り当てるライツ・イシューのほか，従業員等への労働意欲を促進させる動機づけとしてのストック・オプションや，敵対的 M&A から既存株主を守るための買収防衛策などが挙げられます。当該会社にとっては，権利が行使されると株式を交付しなければならない「法律上の義務」といえます。ただし，この株式は「経済的資源（キャッシュの獲得に貢献する便益の源泉）」に該当しないため，新株予約権は「負債」とされません。また，叙上のとおり報告主体の所有者である株主と新株予約権者とは異なるために「株主資本」とも峻別されています（図表 12-2）[51]。

---

[50]　平野智久［2018］『ケースブック財務会計』新世社，105–106 頁。

[51]　ASBJ［2013］「貸借対照表の純資産の部の表示に関する会計基準」22(1) 項；32 項。

12.3　新株予約権を発行しました　**121**

[設例 12-4] K社（決算日：3月末）は 20X6 年 2 月に新株予約権 1,000（通貨単位は省略）を有償発行しています。20X6 年 8 月に 90％の新株予約権者が権利を行使し，普通預金口座に 72,000 が入金されました。K社は拠出された金額のすべてを「資本金」としています。残り 10％は行使されることなく 20X7 年 2 月に失効しました。仕訳をかんがえましょう。

　　　新株予約権が行使されると，発行時および権利行使時に払い込まれた金額の合計が資本金（及び資本準備金）となります。一方で，権利が行使されずに権利行使期間が満了した場合には新株予約権戻入益勘定を用いて特別利益に計上されます。払込資本か留保利益かという違いはありますが，いずれにしても株主資本に振り替えられます（図表 12-7）。

● **図表 12-7　設例 12-4 に関する仕訳**

20X6 年 2 月：	(借) 普通預金	1,000	(貸) 新株予約権 ［純資産の増加］		1,000
20X6 年 8 月：	(借) 新株予約権 ［純資産の減少］	900	(貸) 資本金 ［資本の増加］		72,900
	普通預金	72,000			
20X7 年 2 月：	(借) 新株予約権 ［純資産の減少］	100	(貸) 新株予約権戻入益 ［収益の発生］		100

[設例 12-5] 設例 12-4 について，K社（決算日：3月末）が 20X6 年 2 月 1 日に発行した新株予約権 1,000（通貨単位は省略）はすべて，従業員等へ付与したストック・オプションであったとしましょう。従業員 63 名に 1 個ずつ付与したが 3 名は権利確定日までに退職予定，対象勤務期間は 20X6 年 2 月 1 日から同年 7 月末まで，付与日における公正な評価単価[52] は 50/個，といった前提で，付与日および 20X6 年 3 月末の仕訳をかんがえましょう。

---

52)　Black–Scholes equation などの技法を用いて見積ります（オプションのしくみについては，たとえば，晝間文彦［2018］『基礎コース 金融論（第 4 版）』新世社，152–157 頁を参照のこと）。

122　　12 章　資金調達を見直しましょう

● 図表 12-8　設例 12-5 に関する仕訳

20X6 年 2 月：　仕訳なし
20X6 年 3 月：　（借）株式報酬費用　　　　1,000　　　（貸）新株予約権　　　　1,000
　　　　　　　　　　　［費用の発生］　　　　　　　　　　　　　　［純資産の増加］
　　　　　　（付与数 63 名－退職予定 3 名）×1 個 × 評価単価 50/個 ×（2 ヵ月/6 ヵ月）＝1,000

　　ストック・オプションを付与し，これに応じて会社が従業員等か
ら取得する労働用役は，その取得に応じて株式報酬費用勘定を用い
て処理し，対応する金額を権利が行使されるか失効が確定するまで
の間，純資産の部に新株予約権として計上します[53]。したがって，
ストック・オプションを付与しただけでは従業員等から労働用役を
取得していないために「仕訳なし」であって，20X6 年 3 月末には
2 ヵ月分の人件費を見積り計上します。図表 6-4 などの理解をふま
えれば，［（借）費用の発生 xxx（貸）純資産の増加 xxx］の仕訳で
は労働用役の取得と費消とが相殺消去されている様子が透けて見え
るでしょう[54]。

　　権利確定日以降は，設例 12-4 と同様に処理します。すなわち，
権利行使価格[55] にもとづく払込額は資本金に振り替えるほか，権
利不行使による失効は特別利益へ計上します。

　　☞　設例 12-5 について，退職予定の 3 名もほかの 60 名と同じように勤務しているは
ずであっても，株式報酬費用（人件費）を見積り計上していません。「権利不確定に
よる失効」が見込まれているから，といった理由の妥当性について検討しましょう。

---

[53]　ASBJ ［2005］「ストック・オプション等に関する会計基準」4 項。
[54]　6 章注 48 も参照のこと。
[55]　実践においては，権利行使価格が 1 円の「株式報酬型ストック・オプション」もみられます。

12.3　新株予約権を発行しました　　**123**

■12. 4　追加の資本を調達しました

[設例 12-6] K 社（決算日：3 月末）は 20X7 年 6 月に広く一般の投資者から株主を募る公募増資をおこなったところ，払込期日までに 45,000（通貨単位は省略）が取扱金融機関の口座に振り込まれ，新株 300 株を発行しました。なお，株式募集のための広告費や金融機関の取扱手数料などについて当座預金口座から 240 を支払っています。会社法で認められた最低額を資本金とするほか，払込金額は当座預金とします。仕訳をかんがえましょう。

　　株式会社は，会社設立時に作成する定款において発行可能株式総数を決めておくことで，その範囲内での追加的な資金調達を機動的におこなうことができます[56]。取締役会において募集株式の種類や数，払込金額，払込期日または払込期間などが決定されたら，その内容が既存株主へ通知されます。その後，「申込」「割当」「引受」といった段階を経て「出資の履行」がなされます。出資の履行がなされて初めて，募集株式の引受人は「株主」となります。

　　払込期日（払込期間とした場合には「出資の履行」がなされた日）に，当座預金や資本金が増加します。また，払い込まれた金額の 2 分の 1 を上限に資本準備金とする実践例も数多くみられます[57]。払込期日より前に入金された部分については，払込期日となるまで別段預金勘定および新株式申込証拠金勘定を用いて別個に処理します（図表 12-9）[58]。

　　株式募集のための広告費や金融機関の取扱手数料といった株式交付費は，資金調達に係る金融費用と理解できることから営業外費用に計上すべきでしょう。ただし，支出の効果が将来にわたって及ぶ

---

[56] 公開会社の場合には，取締役会の決議によって募集事項を決定できます（会社法 200 条 1 項）。
[57] 増加した資本金額に応じた登録免許税がかかることが一因でしょう。
[58] 払込期日より前に入金されても会社が当該資金を何らかの形で運用できるわけではなく，したがって，[（借）別段預金 xxx（貸）新株式申込証拠金 xxx] の仕訳そのものの必要性が問われて然るべきではないでしょうか（ただし，実践における申込証拠金の必要性を唱える見解として，江頭憲治郎［2017］『株式会社法（第 7 版）』有斐閣，750-755 頁）。

124　12 章　資金調達を見直しましょう

● 図表 12-9　設例 12-6 に関する仕訳

払込期日前：	（借）	別段預金	45,000	（貸）	新株式申込証拠金	45,000	
		［潜在的な資産の増加］			［潜在的な資本の増加］		
払込期日：	（借）	新株式申込証拠金	45,000	（貸）	資本金	22,500	
					［資本の増加］		
					資本準備金	22,500	
					［資本の増加］		
	（借）	当座預金	45,000	（貸）	別段預金	45,000	
		［資産の増加］					
	（借）	株式交付費	240	（貸）	当座預金	240	
		［費用の発生］					

ために「繰延資産」とするほか，増加させた資本金額から直接に控除する IFRSs の考え方も知られています[59]。

[設例 12-7] 設例 12-6 を一部改変します。募集株式の引受人から 45,000（通貨単位は省略）がすべて払込期日に当座預金口座へ入金されました。株式交付費 240 は当座預金口座から支払っています。このとき，200 株は新株を発行しましたが，残り 100 株は設例 12-1 で取得した自己株式（130/株）を処分しています。払込期日の仕訳をかんがえましょう。

● 図表 12-10　設例 12-7 に関する仕訳

新株の発行：	（借）	当座預金	30,000	（貸）	資本金	15,000
					資本準備金	15,000
自己株式の処分：	（借）	当座預金	15,000	（貸）	自己株式	13,000
					自己株式処分差益	2,000
					［資本の増加］	
株式交付費：	（借）	株式交付費	240	（貸）	当座預金	240

　　保有している自己株式を市場に再放出させる自己株式の処分は，資金調達に伴って株主へ株式を交付している点に鑑みれば，結局のところ「新株の発行」と変わりありません。自己株式の処分価額が帳簿価額を上回った場合に生じる差額は，自己株式処分差益として

───────
[59]　平野智久［2018］『ケースブック財務会計』新世社，209–211 頁。

12.4　追加の資本を調達しました　　**125**

その他資本剰余金に計上されます。設例 12-1 で 20X5 年 8 月に自己株式を取得したときも，設例 12-7 で 20X7 年 6 月に自己株式を処分したときも，いずれも株主との取引（資本取引）です。「差益」という名称は誤解を招きやすいのですが，会計学には「資本取引から損益は生じない」という資本取引・損益取引区分の原則が古くから知られています。

☞　図表 12-9 をみた某君は，「資本取引によって生じた株式交付費 240 は営業外費用であり，これは会計学の原則に反している」と言っています。この当否について検討しましょう。

※　そもそも株式交付費は，会社と誰との間の取引によって生じるでしょうか。

13章
将来キャッシュ・フローの思考を設備投資に活用しましょう

■13. 1　機械装置のリース契約を締結しました

　　リース取引とは，リース物件の貸し手（所有者）に対して，合意された期間にわたってリース料を支払う代わりに，当該物件を使用収益する権利が与えられる取引をいいます。法的にはリースという形式であっても経済的実質が物件の割賦購入と近似する場合……たとえば，リース期間の中途において（実質的に）解約できず，かつ，リース物件からもたらされる便益を享受すると同時に費用を負担するような取引（いわゆるファイナンス・リース取引[60]）であれば，リース物件ないし権利およびリース債務を貸借対照表に反映させることで割賦購入した場合との比較可能性が担保されます。

［設例 13-1］EC 社（決算日：3 月末）は 20X1 年 4 月 1 日付で機械装置のリース契約を締結し，使用を開始しています。解約不能のリース期間は 4 年，年間のリース料 2,820（通貨単位は省略）は毎年 3 月末に普通預金口座から引き落とされます。リース会社が当該物件の購入に要した金額や計算に用いた利率は不明ですが，EC 社が同じ機械装置を購入する場合は 9,800 を要し，この資金を金融機関から追加的に調達する場合の利率は

---

[60]　わが国の現行制度では，通常の賃貸借取引に係る方法に準じて［（借）支払リース料 xxx（貸）現金 xxx］と処理するオペレーティング・リース取引も定められています。これに対して国際的な会計基準（IFRSs）では，借り手は（短期間または少額の場合を除いたすべてのリース契約について）使用権資産とリース負債とを両建計上する旨が定められており，わが国における今後の基準開発が注目されます。詳しくは，山田辰己ほか［2019］『論点で学ぶ国際財務報告基準（IFRS）』新世社，7 章を参照のこと。

127

6%です。当該物件の経済的耐用年数は 5 年であり，見積残存価額は零とします。当該物件は特別仕様ではなく，契約期間満了後にはリース会社へ返却し，所有権が移転しない契約となっています。

● 図表 13-1　設例 13-1 に関する仕訳（20X1 年 4 月 1 日）

$$\frac{2{,}820}{1+r} + \frac{2{,}820}{(1+r)^2} + \frac{2{,}820}{(1+r)^3} + \frac{2{,}820}{(1+r)^4} \approx 9{,}772 \ < \ 9{,}800$$

☞　［支払リース料総額の現在価値］＜［見積現金購入価額］より，いずれか低い額 9,772。

20X1 年 4 月 1 日：　（借）機械装置　　　9,772　　（貸）リース債務　　　9,772

● 図表 13-2　設例 13-1 に関するリース料
　　　　　　　（利息法による利息発生分と元本返済分との区別）

	リース債務 期首残高	（リース料の内訳）			リース債務 期末残高
		利息発生分	元本返済分	合計	
20X1 年度	9,772	586	2,234	2,820	7,538
20X2 年度	7,538	452	2,368	2,820	5,170
20X3 年度	5,170	310	2,510	2,820	2,660
20X4 年度	2,660	160	2,660	2,820	0
合計	—	1,508	9,772	11,280	—

（*）小数点以下を四捨五入しています。

　設例 13-1 のように貸し手の購入価額等が明らかではない場合には，EC 社はリース債務の当初測定に支払リース料総額の現在価値と見積現金購入価額とのいずれか低い額を用い，同額をリース資産の計上金額とします（図表 13-1）[61]。

　現在価値の算定には，EC 社が当該物件を現金購入すると仮定して金融機関から追加で借り入れる場合の利率を用います。したがって，利率 r には EC 社の信用力が加味されていると解されます。20X1 年 4 月 1 日に計上するリース債務の額は 9,772 と測定されるほか，支払リース料総額 11,280 との差額 1,508 は 4 年間にわたる利息と捉えられるでしょう（図表 13-2）。

[61]　リース債務（貸方）の当初元本が先に決まり，それをリース資産（借方）の取得原価とする，という関係にあります。

● 図表 13-3　設例 13-1 に関する仕訳（20X1 年度末）

[一般的な仕訳]
リース債務：　　　　（借）支払利息　　　　586　　　（貸）普通預金　　　2,820
　　　　　　　　　　　　　　リース債務　　2,234
リース資産：　　　　（借）減価償却費　　2,443　　　（貸）機械装置　　　2,443

[正則的な仕訳]
リース債務：　　　　（借）支払利息　　　　586　　　（貸）リース債務　　　586
　　　　　　　　　　（借）リース債務　　2,820　　　（貸）普通預金　　　2,820
リース資産：　　　　（借）減価償却費　　2,443　　　（貸）機械装置　　　2,443

☞　支払利息が時の経過とともに発生することによってリース債務は増価するという発想は，社債や借入金といった負債一般に通ずる基本的な考え方でしょう（12.2 を参照のこと）。

　　たとえば 20X1 年度末の会計処理は，［リース債務期首残高 9,772×利率 r ≒ 支払利息 586］より，リース料 2,820 の内訳は利息発生分 586 および元本返済分 2,234 となります。ただし，支払利息はリース債務の増価に対応しており，増価後のリース債務が現金支出をもって返済されたとみるほうが正則的な理解といえるでしょう（図表 13-3）。なお，所有権が借り手に移転しないファイナンス・リース取引の減価償却費については，残存価額は零，リース期間を耐用年数とします（図表 13-3 では定額法を用いています）。

☞　設例 13-1 について，20X2 年度以降の仕訳を完成させましょう。

■13. 2　使用中の機械装置の価値が著しく下落しました

[設例 13-2] EC 社（決算日：3 月末）が 20X2 年 11 月 1 日に開催した取締役会において，設例 13-1 のリース資産（機械装置）について減損の兆候があることが判明しました。20X2 年度以降の将来キャッシュ・フロー（すべて各期末に発生すると仮定）は次のとおりです。

13. 2　使用中の機械装置の価値が著しく下落しました　　**129**

割引前将来キャッシュ・フロー				比較(*2)	20X1 年度 期末簿価(*1)
20X2 年度	20X3 年度	20X4 年度	総額		
2,700	1,700	1,400	5,800	＜	7,329

(*1) 図表 13-3 より，取得原価 9,772 − 減価償却累計額 2,443 = 7,329。
(*2) ［割引前将来キャッシュ・フロー＜帳簿価額］の場合に，減損損失を認識します。

　リース資産のため他社へ転売することはできず，使用価値の算定に用いる割引率[62] は 7％とします。減損認識時および 20X2 年度末の仕訳をかんがえましょう。

　7.3 で学んだとおり，有形固定資産の使用に伴う資産価値の下落については，毎期末の減価償却によって費用配分がなされました。しかし，資産価値を直接に測定しているわけではないことから，有形固定資産の収益性が著しく低下した状況では投資の回収が困難となりかねません。このような減損の兆候がみられる場合に[63]，減損損失を認識すべきか否かの判定をおこないます。その測定は主観的にならざるを得ないため，割引前将来キャッシュ・フローの総額が帳簿価額（未償却原価）を下回っていることをもって（設例 13-2，*2），「減損の存在が相当程度に確実である」とみなします。

　具体的には，資産の帳簿価額（未償却原価）を回収可能価額まで減額し，特別損失として処理します。回収可能価額とは，正味売却価額と使用価値とのいずれか高い額をいいます。設例 13-2 については「リース資産」のため正味売却価額は零です。この結果，使用価値 5,151 と未償却原価 7,329 との差額 2,178 を減損損失として処理します（図表 13-4）。

　いったん認識した減損損失をその後に取り消すことは認められません[64]。減損処理をおこなった後は，回収可能価額 5,151 を「新た

---

[62]　鈴木真策［2017］「使用価値の算定に用いる割引率」『経理情報』1469，12–16 頁を参照のこと。
[63]　営業活動から生ずる損益又はキャッシュ・フローが 2 期連続で負の場合や，経営環境の著しい悪化が見込まれる場合などを指します（ASBJ［2009］「固定資産の減損に係る会計基準の適用指針」11–17 項）。
[64]　国際的な会計基準（IFRSs）では回収可能価額の上昇について，減損損失の戻入をおこなって貸借対照表の資産価値を改めて見積り修正する旨が定められています。この点については，西川郁生［2018］『会計基準の考え方』税務経理協会，60–61 頁も参照のこと。

● 図表 13-4　設例 13-2 に関する仕訳

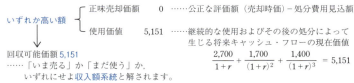

- 「いま売る」か「まだ使う」か，いずれにせよ収入額系統と解されます。
- 20X1 年度期末簿価 7,329 − 回収可能価額 5,151 ＝ 減損損失 2,178

20X2 年 11 月 1 日：　　（借）減損損失　2,178　　（貸）機械装置　2,178

● 図表 13-5　減損処理後の会計処理

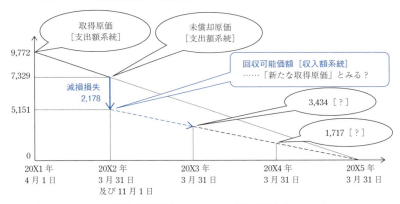

20X3 年 3 月 31 日：　　（借）減価償却費 1,717　　（貸）機械装置　1,717

- 減損処理時には，20X2 年度以降の使用価値を算定しています。したがって，20X3 年 3 月 31 日には 12 ヵ月分の減価償却をおこなえばよいでしょう。

な取得原価」とみなして，減価償却をおこないます（図表 13-5）。本書では「新たな取得原価」の解釈について，当該資産の売却および再取得を擬制することで首尾一貫した会計処理になると理解しています。換言すれば，減損処理という異常事態をふまえて，収益性の低い状況に応じた新たな設備投資をおこなったと捉えます。こうした理解によって，減損処理後の減価償却についても，費用配分の一環として問題なくおこなえるのではないでしょうか[65]。

---

[65] 笠井昭次［2014］「減損会計再論（1）」『三田商学研究』57(5)，13-27 頁も参照のこと。

☞ 図表 13-5 について回収可能価額を「新たな取得原価」とみるためには，機械装置の売却および再取得を擬制する必要がありますが，どのような仕訳で表されるでしょうか。

※ 回収可能価額として「正味売却価額」又は「使用価値」を選択したそれぞれの場合に，旧機械からは，どのような「損失」が顕在するでしょうか。

■13.3 工場の建設を始めました

[設例 13-3] EC社（決算日：3月末）は 20X0 年度に新工場の建設に着手し，これまでに建設資材 60,000 および人件費 19,600（通貨単位は省略）を普通預金口座から支出しています。年度末まで工事をおこなっており，工場の使用開始には至らなかったとします。

● 図表 13-6　設例 13-3 に関する仕訳

[一般的な仕訳]
竣工までの支出：　　（借）建設仮勘定　　79,600　　（貸）普通預金　　79,600
　☞ 以下の正則的な仕訳をそれぞれ分けることなく，各勘定科目を相殺しています。

[正則的な仕訳]
建設資材の調達：　　（借）材料　　　　　60,000　　（貸）普通預金　　60,000
建設資材の費消：　　（借）材料費　　　　60,000　　（貸）材料　　　　60,000
竣工までの取扱：　　（借）建設仮勘定　　60,000　　（貸）材料費　　　60,000

労働用役の費消：　　（借）人件費　　　　19,600　　（貸）普通預金　　19,600
竣工までの取扱：　　（借）建設仮勘定　　19,600　　（貸）人件費　　　19,600
　☞ 建設資材や労働用役を現金で購入し，それらを費消することで「建物」ができあがる，といった過程を忠実に表現することを狙っています（図表 3-6 や図表 6-3 も参照のこと）。

　　建物などが竣功し使用を開始するまでは，工事代金などの支出は建設仮勘定（資産）を用いて処理します（図表 13-6）。企業の経済活動として材料費や人件費は既発生ですが，これらの費用が建設仮勘定へ振り替えられているとみたほうが適切でしょう。

　　なお，既存の建物に施した工事の代金をどのように処理するかは，図表 13-7 のような法人税務上の取扱が参照されています[66]。

---

[66] 法人税法基本通達 7-8-1 から 7-8-3 までを要約しています。

132　　13章　将来キャッシュ・フローの思考を設備投資に活用しましょう

● 図表 13-7　資本的支出および収益的支出の例

・資本的支出……［資産の増加］として処理します。
　(1) 建物の避難階段の取付など物理的に付加した部分に係る費用
　(2) 用途変更のための模様替えなど改造または改装に直接要した費用
・収益的支出……［費用の発生］として処理します。
　(1) 建物の移えい（移動）または解体移築の費用
　(2) 地盤沈下した土地を沈下前の状態に回復するための地盛りに要した費用
　また，資本的支出であっても，1件当たりの金額が20万円に満たない場合や，改良等がおおむね3年以内の期間を周期としておこなわれる見込ならば，修繕費として損金経理できるとされています。

☞　建設仮勘定は減価償却をおこないませんが，減損会計の対象とはなり得ます。それぞれの理由について検討しましょう。
※　減価償却の背後には「費用収益対応の原則」の考え方がありました（7.3を参照のこと）。

■13. 4　工場には使用終了後の除去義務がありました

　　　賃借物件から撤退する際の原状回復義務のように，「有形固定資産の取得，建設，開発又は通常の使用によって生じ，当該有形固定資産の除去に関して法令又は契約で要求される法律上の義務及びそれに準ずるもの」を資産除去債務（Asset Retirement Obligations, 以下 ARO）といいます。ARO が発生し，除去に要する将来支出額を合理的に見積った時点でその割引価値を負債として計上します。貨幣の時間価値を反映した無リスクの税引前の利率を用いる点は，信用力が加味されるリース債務の場合と異なっています[67]。

[設例 13-4] 設例 13-3 の続きです。EC 社（決算日：3 月末）は 20X0 年度より建設していた工場を完成させ，20X1 年 4 月 1 日より使用を開始しています。竣工までの工事代金 79,600（通貨単位は省略）は既に支払っ

---
[67]　ASBJ [2008]「資産除去債務に関する会計基準」3 項；5 項；6(2) 項。図表 13-8 は，藤井良広（編）[2008]『環境債務の実務』中央経済社，24 頁の図（分担：秋葉賢一）を一部改変しています。

13. 4　工場には使用終了後の除去義務がありました　　**133**

ています（図表13-6）。登記費用400は現金で支払い，減価償却は定額法（残存価額は零，償却率0.250）によります。4年間使用した後には工場を解体する法的義務があり，解体には11,280を要すると見積りました。資産除去債務は工場の取得時にのみ発生するものとし，計算に用いる割引率は5％とします。

● 図表13-8 設例13-4に関する帳簿価額の推移

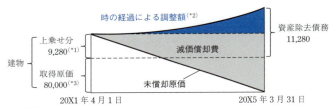

(*1) $\frac{11,280}{(1+r)^4}$ ＝9,280……AROの割引価値を見積り，同額を「建物」の取得原価に加えます。
(*2) 損益計算書上，関連する有形固定資産の減価償却費と同じ区分に含めて計上します。
(*3) 建設仮勘定79,600および登記費用400を合算した80,000が取得原価となります。

● 図表13-9 設例13-4に関する資産除去債務に係る諸費用の内訳

	引当金処理		資産負債の両建処理				
	繰入額	引当金期末簿価	ARO期首簿価	時の経過による調整	減価償却費の上乗せ分	合計	ARO期末簿価
20X1年度	2,436	2,436	9,280	464	2,320	2,784	9,744
20X2年度	2,680	5,116	9,744	487	2,320	2,807	10,231
20X3年度	2,941	8,057	10,231	512	2,320	2,832	10,743
20X4年度	3,223	11,280	10,743	537	2,320	2,857	11,280
合計	11,280	—	—	2,000	9,280	11,280	—

AROの会計処理としてふたつの方法が検討されました（図表13-9）。たとえば原子力発電施設を有する電力会社には，運転を終了した原子力発電施設を解体する旨が法律で義務づけられています。解体に要する費用は約40年にわたる発電時点から引き当てておくことで，世代間負担の公平が図られます。したがって，費用収益対応の原則にもとづいて発電時点から費用を認識し，発電実績に応じて

● 図表 13-10　設例 13-4 に関する仕訳

20X1 年 4 月 1 日：	（借）建物	80,000	（貸）建設仮勘定	79,600
			現金	400
	（借）建物(*1)	9,280	（貸）資産除去債務	9,280
	［資産の増加？］		［負債の増加？］	
20X2 年 3 月 31 日：	（借）減価償却費	22,320	（貸）建物	22,320
	（借）ARO 調整額	464	（貸）資産除去債務	464(*2)

　原子力発電施設解体引当金を負債とすることが適切であるといった
考え方が浸透していました。かような引当金処理は電力会社の会計
に限らず，これまでの会計実践とも親和性が高いでしょう。しかし
ながら，将来支出額の全貌を貸借対照表上に示すことができない，
といった点が問題視されていました[68]。

　わが国の会計基準では「有形固定資産の取得に付随して生じる除
去費用の未払の債務を負債として計上すると同時に，対応する除去
費用を当該有形固定資産の取得原価に含めることにより，当該資産
への投資について回収すべき額を引き上げることを意味する。すな
わち，有形固定資産の除去時に不可避的に生じる支出額を付随費用
と同様に取得原価に加えた上で費用配分を行い，さらに，資産効率
の観点からも有用と考えられる情報を提供するものである」と
いった理由から資産負債の両建処理が定められています（図表 13-
10，*1）[69]。

　具体的には，除去に要する将来支出額 11,280 の割引価値を算定
し，「建物」の取得原価 80,000 に加算した合計 89,280 を 4 年間にわ
たって費用化させます。7.3 でみた（本来の）減価償却は，有形固
定資産を取得した際の現金支出を当期と翌期以降とに費用配分する

[68]　図表 13-9 をみて，除去引当金の場合は資産負債の両建処理の ARO よりも毎期末の負債計上額
が相対的に低くなる様子を確認してください（計算の方法は平野智久［2018］『ケースブック財務
会計』新世社，図表 6-8 を参照のこと）。ただし，投資情報という観点では将来支出額 11,280 は注
記開示でもよかろう，という考え方があり得ます。すなわち，「なぜ ARO は負債計上するのか，
しかも将来支出額の割引価値で……」という問題です。
[69]　ASBJ［2008］「資産除去債務に関する会計基準」41 項。20X1 年 4 月 1 日の仕訳について，図
表 13-10 では説明の便宜上「建物」をふたつに分けましたが，一般的には「建物 89,280」とします。

13.4　工場には使用終了後の除去義務がありました　　**135**

● 図表 13–11　有形固定資産に係る付随費用

[伝統的な減価償却]

	建設仮勘定	79,600
+）	登記費用	400
	取得原価	80,000

建設仮勘定を構成する材料費や人件費は既発生でした（図表 13–6）。登記費用も建物を使用するための現金支出であり，使用開始後の減価償却によって期間費用とすることが「適正な期間損益の算定」に繋がります。

[ハイブリッド減価償却[(*)]]

	取得原価	80,000
+）	ARO 上乗せ分	9,280
		89,280

除去費用は使用終了後に発生する，ということは「建物」の使用開始時（取得時）には未発生です。将来に発生する除去費用を（割り引いたうえで）取得原価に加えて減価償却をおこなえば，毎期の損益計算を歪ませてしまいます。

(*) この用語法は，石川純治 [2018]『基礎学問としての会計学』中央経済社，82–83 頁を参照のこと。

ことで期間損益の平準化を図る工夫でした。叙上のとおり「上乗せ分 9,280」も付随費用と同様に費用配分をおこなう旨が定められていますが，なかなか難儀な問題です（図表 13–11）。

　図表 13–11 の議論は「商品の仕入に際して支払う運賃や関税」「有価証券の取得時に支払う証券会社への手数料」など，付随費用を関連する資産の簿価へ加算する理由をかんがえるときに有益でしょう。このとき「費用を（現金で）支払ったか否か」ではなく，(1)「費用が発生したか否か」(2)「（費用が発生したならば）当期だけで負担すべきか否か」に着目することで，取得原価の本質を正しく理解できるはずです[70]。

　毎期末には建物の減価償却と同時に，資産除去債務を 4 年間かけて 2,000 だけ増価させる調整計算もおこないます。たとえば 20X1 年度における時の経過による調整額は，

$$9,280 \times r = \frac{11,280}{(1+r)^4} \times r = \frac{11,280}{(1+r)^3} - \frac{11,280}{(1+r)^4} = 464$$

といった計算がなされます（図表 13–10，*2）。この計算式を「当初元本 9,280×利率 r＝支払利息 464」と解すれば，ARO は借入金や未払金に類するとみることができるかもしれません。とはいえ，

---

[70]　自動車の取得時に支払う「リサイクル料金」は，差入保証金勘定（資産）を用いて車両を廃棄するまで据え置きます。車両の取得時に現金支出はなされますが，「車両」の取得原価には含めません（平野智久 [2018]『ケースブック財務会計』新世社，図表 6–12 を参照のこと）。

136　13 章　将来キャッシュ・フローの思考を設備投資に活用しましょう

設例 13-4 では他者から資金を融通された事実はなく[71]，したがって「借金をしたわけではないが利息は発生する」といった解釈は合理的とはいえません。

それならば，そもそも 9,280 は将来支出額 11,280 の割引価値であったことを思い出しましょう。各期末の ARO 簿価は（その発生時に）算定済であり（**図表 13-9**），「9,744 − 9,280 ＝ 464」という計算式は借入利息にはない発想といえます。時の経過による調整額をどのように解せるか，詳しくは他の文献に譲ります[72]。

☞ 負債項目に割引計算をおこなうことで，当初の「元本」が算定されると同時に，当該期間にわたる「利息」の合計金額も明らかとなります。この点について，リース債務と資産除去債務とを比較して，会計処理の妥当性を論評してください。

（付記）本章の内容は，平野智久［2018］『ケースブック財務会計』新世社，106–109頁；115–121頁；152–154頁と重複している部分があります。

---

[71] 笠井昭次［2013］「資産負債観の説明能力」『三田商学研究』55(6)，1–20 頁も参照のこと。
[72] わが国の現行制度では，退職給付会計における同名の利息費用との同質性が意識されているようです（ASBJ［2008］「資産除去債務に関する会計基準」48 項）。この点についての議論は，黒川行治［2009］「資産除去債務を巡る会計上の論点」『企業会計』61(10)，26–28 頁が有意義でしょう。

13.4　工場には使用終了後の除去義務がありました　**137**

14章
企業結合をおこないましょう

■14.1　吸収合併とは

　ある企業（又はそれを構成する事業，以下同じ）と他の企業とがひとつの報告単位に統合されることを企業結合といいます。他社と合体してひとつの法人格となる吸収合併，合併と同じ効果をもちながらも両社の法人格は維持される株式交換，発行済株式の100％は取得しなくとも株主総会などの意思決定機関を支配している子会社化などが挙げられます。

　本章では便宜上，P株式会社とS株式会社との2社（決算日：3月末）を前提とします。企業結合は多くの場合，他の企業に対する「支配[73]」を獲得する取得に該当します。取得企業であるP社は，S社（被取得企業）に対する支配を獲得するためにS社株主に対して，現金などの資産を引き渡し，あるいはP社株式を交付します。20X1年3月30日の時点で両社は資本関係になかったとしましょう（図表14-1）。

　P社の資産及び負債はその帳簿価額で企業結合後もそのまま引き継がれますが，S社の資産及び負債は企業結合日時点での時価（公正な評価額）で評価します。その取得原価は，P社が支払った対価となる財と，S社から引き継がれた資産及び負債と，より高い信頼性をもって測定可能な時価で算定されます。なお，P社が外部の専門家に支払った取得関連費用は取得原価には含めず，発生した事業

---

[73]　ここでの支配とは，ある企業の活動から便益を享受するために，その企業の財務及び経営方針を左右する能力を有していることをいいます（ASBJ［2019］「企業結合に関する会計基準」7項）。

138

● 図表 14-1　20X1 年 3 月 31 日（企業結合直前）時点での貸借対照表

P 社（取得企業）				S 社（被取得企業）			
諸資産	2,000	諸負債	200	諸資産	900	諸負債	400
		資本金	800			資本金	350
		利益剰余金	1,000			利益剰余金	150
	2,000		2,000		900		900

S 社の諸資産は時価 980 でした。

年度の費用として処理されます[74]。

　取得原価は，S 社から受け入れた資産及び引き受けた負債のうち企業結合日時点において識別可能なもの（識別可能資産及び負債）の企業結合日時点の時価を基礎として，当該資産及び負債に対して配分します。分離して譲渡可能な法律上の権利（知的財産権や顧客名簿など）や未完成とはいえ価値のある研究成果（仕掛研究開発）についても，識別可能資産として取り扱います[75]。

> [設例 14-1] 図表 14-1 の状況にある P 社は，20X1 年 3 月 31 日付で S 社を吸収合併します。S 社の発行済株式を 100%取得するために，S 社株主に現金 600（通貨単位は省略）を支払いました。仕訳をかんがえましょう。

　複数の会社が法的に合体してひとつの法人格となる合併のうち，P 社が存続会社として S 社を消滅させてしまう吸収合併においては，S 社の権利義務の全部を P 社が承継します。設例 14-1 に置き換えれば，P 社は時価評価した S 社の識別可能資産 980 を受け入れ，さらに識別可能負債 400 を引き受けています。このとき P 社がこれらの承継に現金 580 を支払ったとすれば，識別可能資産及び負債の純額（980 − 400）との間に差額は生じません。

　実際には，設例 14-1 のように支払対価が識別可能資産及び負債の純額を上回ることが多く，差額はのれんとして無形固定資産の区

---

[74]　ASBJ［2019］「企業結合に関する会計基準」23 項；94 項。
[75]　ASBJ［2019］「企業結合に関する会計基準」29 項；101 項。

14.1　吸収合併とは　　**139**

● 図表 14-2　設例 14-1 に関する仕訳

(誤) 20X1 年 3 月 31 日：　(借) S 社株式　　600　　(貸) 現金　　600
　　　　　☞ 吸収合併により S 社は消滅しますので，この仕訳は誤りです。

(正) 20X1 年 3 月 31 日：　(借) 諸資産　　　980　　(貸) 諸負債　400
　　　　　　　　　　　　　　　のれん　　　 20　　　　　現金　　600
　　　　　　　　　　　　　［資産の増加］

● 図表 14-3　設例 14-1 に関する合併後貸借対照表の作成

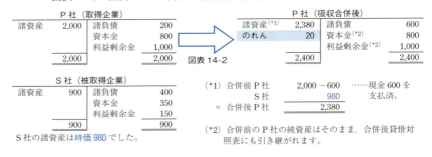

分に計上します[76]）。以上より，P 社の合併後貸借対照表について，S 社の識別可能資産及び負債は P 社に引き継がれ，合併前 P 社の資産及び負債と合算されている様子を確認してください（図表 14-3）。

[設例 14-2] 設例 14-1 を一部改変します。P 社は現金 600（通貨単位は省略）に代えて，P 社株式（1 株当たりの時価 20/株）を新たに発行することとしました。合併前に S 社は 100 株を発行していましたが，今回の合併に伴い，S 社株式 1 株につき P 社株式 0.3 株が旧 S 社株主に割り当てられる契約となっています。P 社は増加すべき株主資本の全額を資本金として計上します。仕訳をかんがえましょう。

[76] 確固たる資産としては識別不能でも，識別可能純資産を超えて支払って「妥当である」という判断がなされた部分，と含意されています。S 社の「同業他社よりも高い収益力」や「有能な人的資源」，「S 社との結合後に期待される相乗効果」などを見積った結果がのれんとみなされています。

● 図表 14-4　設例 14-2 に関する仕訳

20X1年3月31日：	（借）諸資産	980	（貸）諸負債	400
	のれん	20	資本金	600

● 図表 14-5　合併比率の算定例

	P社	S社
株主資本（資本金＋利益剰余金）	1,800	500
株主資本利益率（ROE）	11%	18%
資本コスト	10%	10%
合併前の発行済株式数	66株	100株

網掛け部分は別途，見積る必要があります。設例 14-2 では便宜上，所与とします。

$$企業価値 = \frac{株主資本 \times ROE}{資本コスト}$$ とすると，P社 1,980 に対して，S社 900 となります。

$$合併比率 = \frac{1株当たりのS社の企業価値}{1株当たりのP社の企業価値} = \frac{900 \div 100_{株}}{1,980 \div 66_{株}} = 0.3 と算定されます。$$

　　合併において P 社が株式を交付する場合，P 社株式と S 社株式とが同じ価値をもつとは限りませんので，両社の妥協できる合併比率を算定する必要があります（図表 14-5）。設例 14-2 では，S 社株主は持っていた S 社株式 1 株を引き渡すと同時に P 社株式を 0.3 株受け取る契約となっていました。ゆえに，P 社株式は全部で 30 株発行されたことになります[77]。

[設例 14-3] 図表 14-1 では P 社の純資産の部について「資本金 800」とありますが，これが「資本金 920 および自己株式 △120」であったとしましょう。そのうえで，設例 14-2 を一部改変します。P 社が交付する株式 30 株のうち，新株（20/株）は 22 株発行し，過去に 15/株で取得していた自己株式 8 株を処分します。仕訳をかんがえましょう。

　　設例 12-7 で学んだように，自己株式の処分価額が帳簿価額を上回れば自己株式処分差益（その他資本剰余金）が生じました。これ

---

[77]　吸収合併後の株主構成は，合併前からの P 社株主は 66 株，旧 S 社株主は 30 株です。したがって旧 S 社株主のほうが「少数」となりますが，合併比率によっては旧 S 社株主が占める割合が多くなる逆取得もあり得ます（平野智久［2018］『ケースブック財務会計』新世社，図表 9-2 を参照のこと）。

14.1　吸収合併とは　　**141**

● 図表 14–6 設例 14–3 に関する仕訳

20X1 年 3 月 31 日：	(借) 諸資産	980	(貸) 諸負債	400
	のれん	20	自己株式	120
			資本金	480[*1]

(*1) 増加すべき株主資本の額は企業結合日の時価 20/株 × 交付する株式数 30 株 = 600 ですが，そのうち，払い出す自己株式の帳簿価額 120（= 15/株 × 8 株）を控除して算定されます。

に対して，企業結合の対価として自己株式を払い出した場合には，対価が新株のみの場合（設例 14–2）との整合性が優先される興味深い論点です。すなわち，増加すべき株主資本の額（600）から払い出した自己株式の帳簿価額（120）を控除した額を払込資本の増加として処理します（図表 14–6，*1）[78]。

☞ 図表 14–3 に倣って，設例 14–2 に関する合併後貸借対照表を作成しましょう。

■14. 2 株式交換とは

　合併と同じ効果をもちながらも両社の法人格は維持される株式交換は，P 社が S 社を完全子会社（100%子会社）として支配するときに用いられる手法です。株式交換という名称は「S 社株主が持っていた S 社株式を P 社株式と交換した」といった印象を与えるかもしれません。しかし，会社法において対価の柔軟化が認められて以降，P 社は金銭その他の財産を交付して旧 S 社株主を退出させることもできます。

---

[78] 図表 14–6 では全額を資本金としていますが，資本準備金やその他資本剰余金とすることも認められています（ASBJ［2019］「企業結合会計基準及び事業分離等会計基準に関する適用指針」80 項）。

142 14 章 企業結合をおこないましょう

[設例 14-4] 図表 14-1 の状況にある P 社は，20X1 年 3 月 31 日付で S 社株主との間で株式交換をおこないました。S 社の発行済株式を 100％取得するために，S 社株主に現金 600（通貨単位は省略）を支払いました。仕訳をかんがえましょう。

● **図表 14-7　設例 14-4 に関する仕訳**

20X1 年 3 月 31 日：　　（借）S 社株式　　600　　（貸）現金　　600

　　図表 14-2 において誤答として示した仕訳は，S 社の法人格が維持される株式交換では正しい仕訳となります。現金を支出した P 社個別上の仕訳は，図表 14-7 で完結しています。

　　ところで金融商品取引法では，株式交換によって構成された企業集団の経済的実態を投資者に開示する旨が求められています。S 社を「支配」しているという力関係を利用して，(a) S 社の生み出した利益を P 社が吸い上げる，(b) S 社の優良資産を P 社に付け替える，(c) P 社の不良資産を S 社に押し付ける，といった取引をおこなうと P 社個別の財政状態や経営成績は好調であるかのように歪められます。ところが企業集団をひとつの単位とする連結財務諸表においては，かような取引は「内部取引」として取り扱われ，無内容となるでしょう[79]。

　　それでは P 社を親会社，S 社を完全子会社とする連結貸借対照表を作成しましょう。基本的な考え方は，(1) 各社の個別貸借対照表を単純合算する，(2) 企業集団の内部で重複している項目を相殺消去する，というふたつの手続によって説明できます。図表 14-8 でも，(1) 単純合算に際して S 社の諸資産を時価評価する，(2) P 社の投資と S 社の資本とを相殺消去する，という連結修正がみられま

---

[79]　連結情報を重要視する金融商品取引法に対して，債権者保護が念頭に置かれる会社法や，課税の公平性を目的に据える法人税法は，基本的には個別の会社ひとつひとつに着目します。

14.2　株式交換とは　　**143**

● 図表 14-8　設例 14-4 に関する連結貸借対照表の作成

(1) P社およびS社の貸借対照表を単純合算します。

P社+S社［単純合算］

諸資産	1,400	+980	諸負債	200	+400
S社株式	600		資本金	800	+350
			利益剰余金	1,000	+150
			評価差額	0	+80
	2,000	980		2,000	980

S社の諸資産は時価 980 を用います。
したがって，貸方に評価差額 80 が新しく登場します。

☞　連結修正 (1) は，次のとおりです。
　　（借）諸資産　　　80　　（貸）評価差額　　80

(2) P社の投資とS社の資本とを相殺消去します（単純合算した網掛け部分）。

☞　連結修正 (2) は，次のとおりです。

（借）資本金	350	（貸）S社株式	600
利益剰余金	150		
評価差額	80		
のれん	20	……のれんは差額として算定されます。	

P社［連結貸借対照表］

諸資産	1,400	+980	諸負債	200	+400
のれん		20	資本金	800	
			利益剰余金	1,000	
	2,400			2,400	

す。P社がおこなうこれらの連結修正は一見すると「仕訳」の形式ですが，実際に財産の変動があったわけではなく，あくまで連結財務諸表を作成するための机上の計算に過ぎません。

　なお，図表 14-3 に示された合併後の P 社貸借対照表と，図表 14-8 で示された P 社の連結貸借対照表とは，すべての科目や金額が一致しています。S 社の法人格が維持されるか否かは異なるものの，株式交換が合併と同じ効果をもつといわれる所以です。

[設例 14-5] 設例 14-4 を一部改変しましょう。P社は株式交換のために，現金 600（通貨単位は省略）の支払に代えて，P 社株式 30 株（20/株）を発行しました。P社は増加すべき株主資本の全額を資本金として計上します。仕訳をかんがえましょう。

144　　14章　企業結合をおこないましょう

● 図表 14-9　設例 14-5 に関する仕訳

20X1 年 3 月 31 日：　　　（借）S 社株式　　600　　　　（貸）資本金　　　　600

● 図表 14-10　設例 14-5 に関する連結貸借対照表の作成

(1) P 社および S 社の貸借対照表を単純合算します。

P 社＋S 社［単純合算］

諸資産	2,000	+980	諸負債	200	+400
S 社株式	600		資本金	1,400	+350
			利益剰余金	1,000	+150
			評価差額	0	+80
	2,600	980		2,600	980

(2) P 社の投資と S 社の資本とを相殺消去します（単純合算した網掛け部分）。

☞　のれん 20 が差額として算定される点に留意しましょう。

P 社［連結貸借対照表］

諸資産	2,000	+980	諸負債	200	+400
のれん		20	資本金	1,400	
			利益剰余金	1,000	
	3,000			3,000	

　　株式交換によって S 社を完全子会社としたので，P 社を親会社とする連結貸借対照表が作成されます。連結修正は図表 14-8 と変わりません。ただし，株式交換の対価として P 社株式を交付して旧 S 社株主も株式交換後の P 社の株主となっている分だけ「諸資産」および「資本金」が増えている点に着目してください（図表 14-10）。なお，この連結貸借対照表と設例 14-2 の結果として作成される合併後の P 社貸借対照表とが一致する点は言を俟たないでしょう。

☞　株式交換における支払対価として「現金を引き渡す」場合（図表 14-8）と「株式を交付する」場合（図表 14-10）とはどのような違いがあるか，検討しましょう。
※　旧 S 社株主が退出すると残るとでは，P 社の意思決定に変わりはないでしょうか。

14.2　株式交換とは　　**145**

■14.3　子会社化とは

　　株式交換のようにＳ社の発行済株式を 100％取得しなくとも，株主総会などの意思決定機関を「支配」できたならば子会社化を達成しており[80]，やはりＰ社（親会社）は連結貸借対照表を作成することとなります。ただし，Ｓ社株式をＰ社以外の者（非支配株主）も保有していることから，非支配株主持分（Non-Controlling Interest，以下 NCI）を純資産の部に「株主資本」とは区別して表示します（設例 14-6）[81]。

[設例 14-6] 図表 14-1 の状況にあるＰ社は，20X1 年 3 月 31 日付でＳ社の発行済株式を 70％取得し，現金 426（通貨単位は省略）を支払いました。仕訳および必要な連結修正をかんがえるとともに，連結貸借対照表を作成しましょう。

　　設例 14-6 において，Ｐ社はＳ社へ 70％を出資しています。したがって，Ｓ社の資本のうちＰ社に帰属する 70％についてはＰ社の投資と相殺消去する一方で，Ｐ社に帰属しない 30％は非支配株主持分に振り替えます（図表 14-11）。

　　従来の制度では「連結財務諸表はＰ社の個別財務諸表の延長線上と位置づける」という親会社説に立ってきたわが国においても，国際的な会計基準（IFRSs）との比較可能性を考慮した基準改廃の結果，現在では「連結財務諸表は親会社とは区別される企業集団全体の財務諸表である」という経済的単一体説と結びつけられる定めも散見されます（図表 14-12）。

---

[80]　議決権の過半数（50％超）を所有している場合にはもちろん，たとえば 40％しか保有していなくとも（a）取締役会に役員の過半数を送り込んでいる，（b）営業上の重要な契約が存在する，（c）多額の貸付をおこなっている，などの条件を満たしている場合には「Ｐ社はＳ社を支配している」とみなす支配力基準が採用されています（ASBJ［2013］「連結財務諸表に関する会計基準」7 項）。
[81]　ASBJ［2013］「貸借対照表の純資産の部の表示に関する会計基準」22（2）項。

146　　14 章　企業結合をおこないましょう

● 図表 14-11　設例 14-6 に関する仕訳および連結貸借対照表の作成

個別上の仕訳：　　　　　（借）S 社株式　　426　　（貸）現金　　426

(*1)　(S 社の資本金 350 + 利益剰余金 150 + 評価差額 80)×30% = 174
(*2)　P 社の投資勘定 426 −
　　　(S 社の資本金 350 + 利益剰余金 150 + 評価差額 80)×70% = 20
(*3)　NCI に係るのれんは，わが国の現行制度では算定しません（図表 14-12, *2）。

☞ 連結修正は次のとおりです。
(1) 単純合算：　（借）諸資産　　　80　　（貸）評価差額　　　80
(2) 相殺消去：　（借）資本金　　 245　　（貸）S 社株式　　 426
　　　　　　　　　　　利益剰余金　105
　　　　　　　　　　　評価差額　　 56
　　　　　　　　　　　のれん　　　 20……のれんは差額として算定されます。
(3) NCI 振替：　（借）資本金　　 105　　（貸）非支配株主持分　174
　　　　　　　　　　　利益剰余金　 45
　　　　　　　　　　　評価差額　　 24

☞ 以上より，連結貸借対照表は以下のように作成されます。

	P 社 [連結貸借対照表]		
諸資産	1,574　+980	諸負債	200　+400
のれん	20	資本金	800
		利益剰余金	1,000
		非支配株主持分	174
	2,574		2,574

● 図表 14-12　現行制度にみる親会社説と経済的単一体説の混在

現行制度（2013 年最終改正）では，青色で示した考え方が採用されています。

	親会社説	経済的単一体説
株主資本の範囲	親会社株主に帰属する部分のみ	非支配株主に帰属する部分も含める
当期純利益の意味	親会社株主に帰属する部分のみ	非支配株主に帰属する部分も含める
子会社の資産・負債の評価	部分時価評価法(*1)	全面時価評価法
のれんの範囲	買入のれん方式のみ	全部のれん方式との選択適用(*2)
支配獲得日以降の持分増減	損益取引	資本取引

(*1)　持分法では採用されています（14.5 を参照のこと）。
(*2)　平野智久 [2018]『ケースブック財務会計』新世社，178 頁で紹介した文献を参照のこと。

[設例 14-7] 設例 14-6 の続きです。S 社は 20X2 年 3 月 31 日までに当期純利益 180 を計上しました。支配獲得日（20X1 年 3 月 31 日）に生じたのれんは 5 年で償却します。以上について，20X2 年 3 月 31 日に必要な連結修正をかんがえましょう。

　　S 社の支配獲得日（20X1 年 3 月 31 日）には，同日時点での P 社および S 社の個別貸借対照表に連結修正を加えることで連結貸借対照表を作成しました（設例 14-6）。設例 14-7 のように複数の会計期間にまたがった場合には，はじめに前期までの連結修正を改めておこないます。このとき，純資産の部に関連する項目には「当期首残高」を付して当期分とは区別します（図表 14-13，*1）。図表 14-11 の連結修正では（2）と（3）とを区別して捉えましたが，図表14-13 のように一括して修正することもできるでしょう。

　　そのうえで，当期分の連結修正がなされます（図表 14-13，*2）。S 社が 20X2 年 3 月 31 日までに獲得した当期純利益 180 について，非支配株主の存在を忘れてはいけません。P 社と S 社の個別財務諸表を単純合算してから，NCI 当期変動額 54（＝当期純利益 180×30％）だけ「当期純利益」を減らします（図表 14-13，*3）。

● **図表 14-13　設例 14-7 に関する連結修正**

前期までの 連結修正(*1)	（1）単純合算：	（借）諸資産	80	（貸）評価差額		80
	（2）相殺消去：	（借）資本金当期首残高	350	（貸）S 社株式		426
	（3）NCI 振替：	利益剰余金当期首残高	150		NCI 当期首残高	174
	☞（2）および（3）は	評価差額	80			
	一括できます。	のれん	20			
当期分の 連結修正(*2)	（4）のれん償却：	（借）のれん償却	4	（貸）のれん		4
	（5）NCI 損益：	（借）非支配株主に帰属する当期純損益	54			
				（貸）NCI 当期変動額		54

☞　P 社が作成する連結損益計算書の末尾では，（5）について以下のように示されます。

　　　　　　… （略） …

当期純利益	（仮に）200	……企業集団全体の利益（図表 14-12）。
非支配株主に帰属する当期純利益	△54	……非支配株主にとっては，持分の増加。
親会社株主に帰属する当期純利益	146	親会社株主にとっては，利益の減少(*3)。

148　　14 章　企業結合をおこないましょう

[設例 14-8] 設例 14-7 の続きです。S 社は 20X2 年 6 月 26 日にその他利益剰余金の配当 120 を支出しました。また，20X3 年 3 月 31 日までに当期純損失 50 を計上しています。支配獲得日（20X1 年 3 月 31 日）に生じたのれんは 5 年で償却しています。以上について，20X3 年 3 月 31 日に必要な連結修正をかんがえましょう。

● 図表 14-14　設例 14-8 に関する連結修正

前期までの連結修正	(1) 単純合算：	（借）	諸資産	80	（貸）評価差額	80
	(2) 相殺消去：	（借）	資本金当期首残高	350	（貸）S 社株式	426
	(3) NCI 振替：		利益剰余金当期首残高	150	NCI 当期首残高	174
	☞(2)および(3)は		評価差額	80		
	一括できます。		のれん	20		
	(4) のれん償却：	（借）	利益剰余金当期首残高[*1]	4	（貸）のれん	4
	(5) NCI 損益：	（借）	利益剰余金当期首残高[*1]	54	（貸）NCI 当期首残高	54
当期分の連結修正	(6) 配当金修正：	（借）	受取配当金	84	（貸）剰余金の配当	84
		（借）	NCI 当期変動額	36	（貸）剰余金の配当	36
	(7) のれん償却：	（借）	のれん償却	4	（貸）のれん	4
	(8) NCI 損益：	（借）	NCI 当期変動額	15		
					（貸）非支配株主に帰属する当期純損益	15

(*1) 支配獲得日から 1 年が経過したら，「前期までの連結修正」のうち損益計算書項目については，利益剰余金当期首残高を用いて処理します。

(6) について，S 社の仕訳は［（借）繰越利益剰余金 120 （貸）現金 120］に対して，70％を出資する P 社は［（借）現金 84 （貸）受取配当金 84］と仕訳しています。当然ながら，これらは企業集団の内部取引ですので相殺消去が必要となります。個別上の仕訳は叙上のとおりですが，連結修正に際しては「剰余金の配当」という科目を用いて処理します[82]。また，30％は非支配株主へ支出されていることから NCI の減少として処理します。

(8) は設例 14-7 とは反対に，NCI 当期変動額 15（＝当期純損失 50×30％）だけ P 社にとっては「損失の減少」として連結修正をおこなっています。

---

[82]　純資産項目の変動は「連結株主資本等変動計算書」の科目を用いるためです。ただし結局は「利益剰余金」の修正であり，翌期以降は利益剰余金当期首残高を用いて処理します。

14.3　子会社化とは　　**149**

☞ 図表 14–11 をみながら，経済的単一体説の妥当性について検討しましょう。

※ Ｐ社と非支配株主とはいずれも「連結上の株主資本」ですが，同じ立場といえるでしょうか。

■14. 4　のれんの会計処理

　設例 14-1 から設例 14-6 まで，支払対価が識別可能資産及び負債の純額を上回ったためにのれん 20（通貨単位は省略）が当初認識されました。図表 14–12 に示したように，現行制度ではのれんの計上について，「有償取得に限るべきである」という買入のれん方式が採用されています[83]。長年にわたる経済活動によってコツコツと培った企業価値の増分を自己創設のれんということがありますが，「経営者による企業価値の自己評価・自己申告につながる」という問題を拭えないために資産計上は認められません[84]。

　設例 14-7 や設例 14-8 にみられるのれん償却 4 について，無形固定資産に計上したのれんは 20 年以内の効果の及ぶ期間にわたり規則的に償却します[85]。かような償却では不十分なほどのれんの価値が下落したならば，減損処理をおこない特別損失の区分に計上します。償却必要説の根拠としては，（a）企業結合の成果たる収益と，その対価の一部を構成する投資消去差額の償却たる費用との対応が可能になる，（b）企業結合により生じたのれんは時間の経過とともに自己創設のれんに入れ替わる可能性がある，（c）のれんのうち価値の減価しない部分だけを合理的に分離することは困難である，と

---

[83]　ASBJ［2019］「企業結合に関する会計基準」98 項（14 章注 76 も参照のこと）。

[84]　ASBJ［2006］「討議資料 財務会計の概念フレームワーク」第 3 章脚注 14 を参照のこと。なお，［会計上の資産合計＋自己創設のれん＝企業価値＝負債価値＋株式価値］からも，自己創設のれんの測定は投資者の役割と理解できるでしょう（11 章注 22 も参照のこと）。

[85]　1983 年度から 2009 年度までの法人企業統計を用いたわが国の実証研究において，およそ 5 年以内にのれん価値の多くは消滅している旨が示唆されています（大日方隆［2013］『利益率の持続性と平均回帰』中央経済社，246 頁）。ただし，この研究は「会計利益が業種平均へ回帰する現象があることを明らかにし……必ずしも会計上ののれんを対象とした分析ではなく，超過収益に関する一般的な現象を明らかにしたものである」ともされています（奥村雅史［2017］「M&A と実証的会計研究」『會計』191（4），53 頁）。

150　　14 章　企業結合をおこないましょう

● 図表 14–15　のれん償却および減損処理の影響

[設例] のれん 20 が 3 年目で零まで減損したとします（日本基準では 5 年で償却します）。

日本基準の場合
のれん償却△ 4……販売費及び一般管理費
減損損失　△12……特別損失

IFRSs を任意適用した場合
2 年目まで非償却
3 年目の減損損失△20……営業費用[*1]

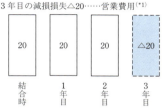

(*1) IFRSs の損益計算書には、「特別損益」という表示区分はありません。

いった点が挙げられています[86]。

　これに対して「恣意的な見積りによる償却をおこなっても有用な情報を提供することにはならない」といった理由により，国際的な会計基準（IFRSs）は 2019 年 7 月現在，償却不要説に立っています。したがって，IFRSs を任意適用すると（のれん償却をおこなわない分だけ）見かけ上増益となります。もっとも年 1 回以上の減損検査が定められており，巨額の減損処理を営業費用として処理するリスクを孕んでいるといえるでしょう（図表 14-15）。

[設例 14-9] 図表 14-1 の状況にある P 社は，20X1 年 3 月 31 日付で S 社を吸収合併します。S 社の発行済株式を 100％取得するために，S 社株主に現金 520（通貨単位は省略）を支払いました。仕訳をかんがえましょう。

　支払対価が識別可能資産及び負債の純額を下回れば，設例 14-1 と反対にのれんは貸方に生じます。貸方に生じたのれんは負ののれんといわれ，特別利益の区分に表示します。より厳密には，「(1) すべての識別可能資産及び負債が把握されているか，それらに対する取得原価の配分が適切かどうかを見直す，(2) それでも依然とし

---

[86] ASBJ [2019]「企業結合に関する会計基準」105 項。

● 図表 14-16　設例 14-9 に関する仕訳

20X1 年 3 月 31 日：	（借）諸資産	980	（貸）諸負債	400
			現金	520
			負ののれん発生益	60
			［収益の発生］	

て下回っている部分について，発生した事業年度の利益として処理する[87]」といった定めがなされています。（正の）のれんは無形固定資産に計上したうえで徐々に償却していくことから，支払対価の多寡によって非対称な会計処理がなされていると理解できるでしょう[88]。

　本来ならば「割安」な金額での企業結合は難しそうですが，わが国の実践ではしばしばみられます。負ののれんが発生する要因としては，資産および負債の測定誤差，被取得企業の株価水準に起因する割安購入，業界再編や生き残りのための結合，といった興味深い実証結果が報告されています[89]。

☞　のれんは規則的に償却すべきでしょうか。そして，それはなぜでしょうか。
※　投資者の立場，経営者の立場，それぞれどのような考え方に至るでしょうか。

---

[87]　ASBJ［2019］「企業結合に関する会計基準」33 項；111 項。

[88]　わが国では「過去の取引または事象の結果として，報告主体が支配している経済的資源を放棄もしくは引き渡す義務，またはその同等物」という負債の定義が浸透しており（ASBJ［2006］「討議資料 財務会計の概念フレームワーク」第 3 章 5 項），負ののれんはこれを満たさないと解されます。
　ただし，それならば（正の）のれんは「過去の取引または事象の結果として，報告主体が支配している経済的資源」という資産の定義を満たしているかを議論する必要もあるように思われます（のれんの即時償却については，平野智久［2018］『ケースブック財務会計』新世社，174 頁を参照のこと）。

[89]　高橋由香里［2014］「負ののれんの発生原因」『會計』186（1），83–93 頁。

152　14 章　企業結合をおこないましょう

■14.5 持分法とは

11.5でも簡単に触れましたが，わが国の現行制度では，重要な影響を与えることのできる関連会社への投資成果を投資会社の連結財務諸表に取り込む方法として持分法が採用されています。「一行連結」とも呼ばれ，14.3以降で学んだ基本的な考え方は持分法にも当てはまります。現行制度では認められていませんが，仮に設例14-6から設例14-8までP社がS社に対して持分法を適用すると，どのような変化が起きるでしょうか（図表14-17）。

P社の投資とS社の資本とを相殺消去するに際して，連結修正ではNCIに相当する部分も含めたすべてを時価評価する全面時価評価法を採用していましたが，持分法の場合にはP社に相当する部分に限定した時価評価をおこないます（図表14-12，*1）。とはいえ，P社の投資とS社の資本との相殺消去を素直に捉えれば当然ともいえましょう。

P社の投資額（426）とこれに対応するS社の資本（時価評価後）406との差額はのれんとなります。ただし，持分法ではのれんを投資（すなわち，S社株式）に含めて処理するため[90]，結果として連結修正はおこないません（図表14-17，*1）。

● 図表14-17　持分法を用いた設例14-6から設例14-8までに関する仕訳

	個別上の仕訳	持分法での連結修正		S社株式	
20X1/3/31 （投資日）	（借）S社株式　426 （貸）現金　426	仕訳なし(*1)		（個別）　426 （連結）　426	
20X2/3/31 （期末）	仕訳なし	（借）S社株式　122 （貸）持分法による投資損益122(*2)		（個別）　426 （連結）　548	
20X2/6/26	（借）現金　84 （貸）受取配当金84	（借）受取配当金　84 （貸）S社株式　84(*3)		（個別）　426 （連結）　464	
20X3/3/31 （期末）	仕訳なし	（借）持分法による投資損益39(*2) （貸）S社株式　39		（個別）　426 （連結）　425	

(*3) 受取配当金に相当する額をS社株式から減額させます（図表11-12，*3）。

---

[90]　ASBJ［2008］「持分法に関する会計基準」11項。

14.5　持分法とは　**153**

投資の日以降における S 社の純損益は，P 社の投資額（S 社株式）に反映させます。20X2 年 3 月期には純利益 180，20X3 年 3 月期には純損失 50 を計上したため，その 70％だけ S 社株式を加減算させます。と同時に，期末にはのれん償却 4 だけ投資額を引き下げることを忘れないようにしましょう。これらを一括して持分法による投資損益に含めて表示する点が，持分法が「一行連結」といわれる所以です（図表 14-17，*2）。

☞　図表 14-17 をみると 20X3 年 3 月 31 日の時点では，連結上の S 社株式が個別上の S 社株式の額を下回っていることがわかります。これは何を示唆しているでしょうか。とはいえ，そもそも親子会社の関係に持分法を用いたことでどのような問題が燻っているかも検討してみましょう。

■第3部　練習問題編■

　以下の勘定科目を用いて，EX社（決算日：3月末）における各取引について仕訳をかんがえましょう。問題文の冒頭にある括弧は参照箇所を示しています。通貨単位は省略します（小数点以下を四捨五入した自然数で処理します）。

　とくに指示のない限り，商品売買については売上原価対立法，減価償却については定額法，税効果は考慮しません。

	第1部　基礎編	第2部　応用編
資産	現金，普通預金，当座預金，売掛金，受取手形，商品，繰越商品，前渡金（前払金），未収入金，貯蔵品，仮払法人税等，仮払消費税等，前払費用，建物，機械装置，備品，車両，土地，差入保証金，権利金，特許権，破産更生債権等	定期預金，貸付金，手形貸付金，売買目的有価証券，のれん，投資有価証券，関係会社株式，建設仮勘定
負債	支払手形，買掛金，契約負債（前受金），所得税預り金，社会保険料預り金，仮受消費税等，未払消費税等，未払金，未払費用，未払法人税等	営業外支払手形，未払配当金，社債，リース債務，資産除去債務
資本	資本金，繰越利益剰余金	資本準備金，自己株式処分差益，その他資本剰余金，利益準備金，任意積立金，自己株式
その他純資産		その他有価証券評価差額金，新株予約権，非支配株主持分
収益	売上，受取家賃，保険差益，固定資産売却益	受取配当金，受取利息，有価証券利息，有価証券運用損益，持分法による投資損益，投資有価証券売却益，新株予約権戻入益，非支配株主に帰属する当期純損益
費用	売上原価，仕入，商品評価損，棚卸減耗費，貸倒損失，貸倒引当金繰入，水道光熱費，研究開発費，消耗品費，発送費，給与，法定福利費，福利厚生費，会議費，交際費，通信費，租税公課，支払保険料，減価償却費，支払家賃，権利金償却，特許権償却，手形売却損，支払手数料，創立費，開業費，雑損失，固定資産売却損，固定資産除却損，火災損失，法人税等	株式報酬費用，のれん償却，資産除去債務調整額，資産除去費用，株式交付費，有価証券運用損益，持分法による投資損益，支払利息，社債利息，社債償還損，投資有価証券評価損，減損損失，非支配株主に帰属する当期純損益
その他	貸倒引当金，減価償却累計額	別段預金，新株式申込証拠金，評価差額

155

●2章　練習問題

(2. 1)①　　現金 1,000 および建物 4,000 を元入れして，株式会社を設立しました。

(2. 1)②　　会社の設立登記に要した手数料 20 を，発起人へ現金で支払いました。

(2. 1)③　　営業開始までの消耗品を購入するため，現金 30 を支払いました。

(2. 2)①　　普通預金口座を開設し，現金 800 を預け入れました。

(2. 2)②　　先月分の水道光熱費として，普通預金口座から 20 が引き落とされました。

(2. 2)③　　備品を購入するため，普通預金口座から 130 を引き出して支払いました。

(2. 2)④　　当座預金口座を開設し，普通預金口座から 500 を振り替えました。

(2. 3)①　　消耗品を購入するため，小切手 150 を振り出しました。

(2. 3)②　　備品 30 を他社に譲り渡し，相手先が振り出した小切手 30 を受領しました。

(2. 3)③　　手許にある小切手 30 を金融機関へ持ち込み，普通預金口座へ入金しました。

●4章　練習問題

(4. 1)①　　商品 80 を仕入れ，小切手を振り出して支払いました。［三分法］

(4. 1)②　　商品 70 を販売し，当座預金口座へ 300 が入金されました。［三分法］

(4. 1)③　　期末に商品 10 が売れ残り，翌期へ繰り越しました。［三分法］

(4. 1)④　　前期末の在庫商品 10 が当期へ繰り越されています。［三分法］

○解答及び解説

(2.1)①	（借）	現金 建物	1,000 4,000	（貸）	資本金		5,000
(2.1)②	（借）	創立費	20	（貸）	現金		20
(2.1)③	（借）	開業費	30	（貸）	現金		30
(2.2)①	（借）	普通預金	800	（貸）	現金		800
(2.2)②	（借）	水道光熱費	20	（貸）	普通預金		20
(2.2)③	（借）	備品	130	（貸）	普通預金		130
(2.2)④	（借）	当座預金	500	（貸）	普通預金		500
(2.3)①	（借）	消耗品費	150	（貸）	当座預金		150
(2.3)②	（借）	現金	30	（貸）	備品		30
(2.3)③	（借）	普通預金	30	（貸）	現金		30

○解答及び解説

(4.1)①	（借）	仕入	80	（貸）	当座預金		80
(4.1)②	（借）	当座預金	300	（貸）	売上		300
(4.1)③	（借）	繰越商品	10	（貸）	仕入		10

☞ *別解として，売上原価勘定を用いた処理も推奨されるでしょう。*
（借）　*繰越商品*　　*10*　　（貸）　*仕入*　　*80*
　　　　　売上原価　　*70*

(4.1)④	（借）	仕入	10	（貸）	繰越商品		10

☞ *翌期首の再振替仕訳ではなく，決算整理の一環としておこなわれます。すなわち，前期末に計上した「繰越商品10」は，当期末まで変動しません。*

練習問題　　**157**

(4. 1)⑤   商品 80 を仕入れ，小切手を振り出して支払いました。［売上原価対立法］

(4. 1)⑥   商品 70 を販売し，得意先から小切手 300 を受領しました。［売上原価対立法］

(4. 1)⑦   期末に商品 10 が売れ残り，翌期へ繰り越しました。［売上原価対立法］

(4. 1)⑧   前期末の在庫商品 10 が当期へ繰り越されています。［売上原価対立法］

(4. 3)①   20X2 年 2 月 1 日に，20X2 年 7 月末までの家賃 240 を現金で受領しました。

(4. 3)②   ①について，20X2 年 3 月末の決算整理をおこないます。

(4. 4)①   商品 100（税抜）を仕入れ，消費税 8％込の価額を現金で支払いました。

(4. 4)②   商品 70 を販売し，現金 324（消費税 8％込）で受領しました。

(4. 4)③   期中の仮払消費税等および仮受消費税等について，決算整理をおこないます。

(4. 4)④   前期末の決算整理で生じた未払消費税等について，現金で納付しました。

●5章　練習問題

(5. 1)①   商品 100 を仕入れる旨を契約し，翌週に納品される予定です。

(5. 1)②   ①の商品 100 を検収し，代金は普通預金口座から振り込みました。

(5. 1)③   商品 150 を仕入れ，代金は翌月末に支払います。

(4.1)⑤　　（借）　商品　　　　　　　　80　　　（貸）　当座預金　　　　　80

(4.1)⑥　　（借）　現金　　　　　　　 300　　　（貸）　売上　　　　　　 300
　　　　　　（借）　売上原価　　　　　 70　　　（貸）　商品　　　　　　　70

(4.1)⑦　　仕訳なし

(4.1)⑧　　仕訳なし

(4.3)①　　（借）　現金　　　　　　　 240　　　（貸）　契約負債　　　　 240
　　　☞　別解として，現金受領額を［収益の発生］とする簡便法もあるでしょう。
　　　（借）　現金　　　240　　（貸）　受取家賃　　　240

(4.3)②　　（借）　契約負債　　　　　 80　　　（貸）　受取家賃　　　　　80
　　　☞　①で別解を採れば，次のような決算整理を必要とします。
　　　（借）　受取家賃　　160　　（貸）　前受収益　　　160

(4.4)①　　（借）　商品　　　　　　　 100　　　（貸）　現金　　　　　　 108
　　　　　　　　　仮払消費税等　　　　8

(4.4)②　　（借）　現金　　　　　　　 324　　　（貸）　売上　　　　　　 300
　　　　　　　　　　　　　　　　　　　　　　　　　　仮受消費税等　　　 24
　　　　　　（借）　売上原価　　　　　 70　　　（貸）　商品　　　　　　　70

(4.4)③　　（借）　仮受消費税等　　　 24　　　（貸）　仮払消費税等　　　　8
　　　　　　　　　　　　　　　　　　　　　　　　　　未払消費税等　　　 16

(4.4)④　　（借）　未払消費税等　　　 16　　　（貸）　現金　　　　　　　16

○解答及び解説

(5.1)①　　仕訳なし

(5.1)②　　（借）　商品　　　　　　　 100　　　（貸）　普通預金　　　　 100

(5.1)③　　（借）　商品　　　　　　　 150　　　（貸）　買掛金　　　　　 150

練習問題　　**159**

(5. 1)④　③の商品 150 のうち 10 が不良品と判明したため，仕入先へ返品しました。

(5. 1)⑤　③について小切手 50 を振り出して支払い，残額は約束手形を振り出しました。

(5. 1)⑥　⑤で振り出した約束手形の支払期日となり，当座預金口座から支払いました。

(5. 1)⑦　商品 120 を仕入れる旨を契約し，内金 20 を普通預金口座から支払いました。

(5. 1)⑧　⑦の商品 120 を検収し，代金は翌月末に支払います。

(5. 1)⑨　⑧の商品代金について，得意先より振り出された小切手を引き渡して支払います。

(5. 2)①　商品 100 を 400 で販売し，代金は翌月末に受領する契約となっています。

(5. 2)②　①の商品 20（販売価額 80）が品違いのために EX 社へ戻ってきました。

(5. 2)③　①の商品代金が支払期日となり，当座預金口座へ入金されました。

(5. 2)④　商品 150 について販売価額 500 での契約を締結しました。

(5. 2)⑤　④の商品 150 を発送しました。EX 社負担の運送料 10 は現金で支払いました。

(5. 2)⑥　⑤について得意先は商品をすべて検収し，EX 社は小切手を受領しました。

(5. 2)⑦　商品 180 を 700 で販売する契約を締結し，内金 100 を現金で受領しました。

160

(5. 1)④　（借）　買掛金　　　　　　　　10　　（貸）　商品　　　　　　　　　10
　☞　仕入戻しは，③の反対仕訳をおこなえばよいでしょう。

(5. 1)⑤　（借）　買掛金　　　　　　　140　　（貸）　当座預金　　　　　　　50
　　　　　　　　　　　　　　　　　　　　　　　　　　支払手形　　　　　　　90

(5. 1)⑥　（借）　支払手形　　　　　　　90　　（貸）　当座預金　　　　　　　90

(5. 1)⑦　（借）　前渡金　　　　　　　　20　　（貸）　普通預金　　　　　　　20

(5. 1)⑧　（借）　商品　　　　　　　　120　　（貸）　前渡金　　　　　　　　20
　　　　　　　　　　　　　　　　　　　　　　　　　　買掛金　　　　　　　100
　☞　別解として，2取引（2本の仕訳）という理解が望ましいでしょう。
　（借）　商品　　　120　（貸）　買掛金　　　120
　（借）　買掛金　　20　（貸）　前渡金　　　20

(5. 1)⑨　（借）　買掛金　　　　　　　100　　（貸）　現金　　　　　　　　100
　☞　EX社が小切手を振り出したと勘違いしてはなりません（16–18頁を参照のこと）。

(5. 2)①　（借）　売掛金　　　　　　　400　　（貸）　売上　　　　　　　　400
　　　　　（借）　売上原価　　　　　　100　　（貸）　商品　　　　　　　　100

(5. 2)②　（借）　売上　　　　　　　　80　　（貸）　売掛金　　　　　　　80
　　　　　（借）　商品　　　　　　　　20　　（貸）　売上原価　　　　　　20
　☞　売上戻りは，①の反対仕訳をおこなえばよいでしょう。

(5. 2)③　（借）　当座預金　　　　　　320　　（貸）　売掛金　　　　　　　320

(5. 2)④　仕訳なし

(5. 2)⑤　（借）　売掛金　　　　　　　500　　（貸）　売上　　　　　　　　500
　　　　　（借）　売上原価　　　　　　150　　（貸）　商品　　　　　　　　150
　　　　　（借）　発送費　　　　　　　10　　（貸）　現金　　　　　　　　10

(5. 2)⑥　（借）　現金　　　　　　　　500　　（貸）　売掛金　　　　　　　500

(5. 2)⑦　（借）　現金　　　　　　　　100　　（貸）　契約負債　　　　　　100

練習問題　　**161**

(5. 2)⑧ ⑦についてすべての商品を発送し，得意先負担の運送料 10 は現金で支払いました。

(5. 2)⑨ ⑧の商品代金について，得意先より全額が普通預金口座へ入金されました。

(5. 3)① 商品 200 を 800 で販売し，代金は翌月末に受領する契約となっています。

(5. 3)② ①のうち，支払期日の到来した 420 は普通預金口座へ入金されました。

(5. 3)③ ①のうち販売価額 80 について，代金の回収を断念しました。

(5. 3)④ 決算整理の一環として，①の期末残高に対して 10％の貸倒引当金を見積ります。

(5. 3)⑤ ④のうち，前期末までに未回収であった売掛金 20 の回収を断念しました。

(5. 4)① 商品 160 を 600 で販売し，代金は翌月末に受領する契約となっています。

(5. 4)② ①について，支払期日を半年後に先延ばしとする約束手形を受領しました。

(5. 4)③ ②の約束手形を金融機関で割り引いてもらい，現金 570 を受領しました。

(5. 4)④ 商品 200 を 800 で販売し，小切手 500 を受領し，残額は約束手形を受領しました。

(5.2)⑧	（借）	契約負債	100	（貸）	売上	700
		売掛金	610		現金	10
	（借）	売上原価	180	（貸）	商品	180

☞　買主負担の売上諸掛を「立替金」として処理する場合もあります。本問では155頁の勘定科目一覧にありませんので、「売掛金」に含めて処理しています。

☞　なお、契約負債の充当については、2取引（2本の仕訳）という理解が望ましいでしょう。

（借）　売掛金　　710　　（貸）　売上　　　700
*　　　　　　　　　　　　　　　現金　　　 10*
（借）　契約負債　100　　（貸）　売掛金　 100

(5.2)⑨	（借）	普通預金	610	（貸）	売掛金	610

(5.3)①	（借）	売掛金	800	（貸）	売上	800
	（借）	売上原価	200	（貸）	商品	200

(5.3)②	（借）	普通預金	420	（貸）	売掛金	420

(5.3)③	（借）	貸倒損失	80	（貸）	売掛金	80

(5.3)④	（借）	貸倒引当金繰入	30	（貸）	貸倒引当金	30

(5.3)⑤	（借）	貸倒損失	20	（貸）	売掛金	20
	（借）	貸倒引当金	20	（貸）	貸倒損失	20

☞　貸倒損失が生じていますが、前期末に見積り計上していた貸倒引当金とともに相殺消去することによって当期の損益計算には影響を与えません。別解として、1取引（1本の仕訳）という処理もありますが、初学者には推奨しません。

（借）　貸倒引当金　20　　（貸）　売掛金　20

(5.4)①	（借）	売掛金	600	（貸）	売上	600
	（借）	売上原価	160	（貸）	商品	160

(5.4)②	（借）	受取手形	600	（貸）	売掛金	600

(5.4)③	（借）	現金	570	（貸）	受取手形	600
		手形売却損	30			

(5.4)④	（借）	現金	500	（貸）	売上	800
		受取手形	300			
	（借）	売上原価	200	（貸）	商品	200

練習問題　**163**

(5. 4)⑤　　　　備品 300 の購入に際して，④の約束手形を裏書譲渡しました。

●6 章　練習問題

(6. 2)①　　　　給与 500 を普通預金口座から支払う際，所得税 30 および社会保険料 20 を天引きしています。

(6. 2)②　　　　①で天引きした所得税 30 について，現金で税務署へ納付しました。

(6. 2)③　　　　①で天引きした社会保険料 20，および EX 社負担の社会保険料 20 を現金で支払いました。

(6. 2)④　　　　全従業員が参加するボウリング大会を開催し，現金 40 を支払いました。（55 頁も参照のこと）

●7 章　練習問題

(7. 1)①　　　　全従業員が参加した忘年会について，現金 100 を支払いました。

(7. 1)②　　　　応接室へ常備しておく茶菓代として，現金 20 を支払いました。

(7. 1)③　　　　会議出席者への弁当代 30 を，誤って［(借) 交際費 30 (貸) 現金 30］と処理していた旨が判明しました。

(7. 2)①　　　　20X2 年 2 月 1 日より 1 年間倉庫を借りるため，半年分の賃料 360，敷金 120，礼金 60，合わせて 540 が普通預金口座から引き落とされました。

(7. 2)②　　　　①について，20X2 年 3 月末の決算整理をおこないます。

(5.4)⑤　　（借）　備品　　　　　　　　300　　（貸）　受取手形　　　　　　300
　☞　参考までに，備品の購入に際して EX 社が約束手形を振り出した場合には営業外支払手形
　勘定を用いて処理します（練習問題(13.3)④を参照のこと）。

○解答及び解説

(6.2)①　　（借）　給与　　　　　　　　500　　（貸）　所得税預り金　　　　 30
　　　　　　　　　　　　　　　　　　　　　　　　　　社会保険料預り金　　　 20
　　　　　　　　　　　　　　　　　　　　　　　　　　普通預金　　　　　　　450

(6.2)②　　（借）　所得税預り金　　　　 30　　（貸）　現金　　　　　　　　 30

(6.2)③　　（借）　社会保険料預り金　　 20　　（貸）　現金　　　　　　　　 40
　　　　　　　　　法定福利費　　　　　 20

(6.2)④　　（借）　福利厚生費　　　　　 40　　（貸）　現金　　　　　　　　 40

○解答及び解説

(7.1)①　　（借）　福利厚生費　　　　　100　　（貸）　現金　　　　　　　　100

(7.1)②　　（借）　会議費　　　　　　　 20　　（貸）　現金　　　　　　　　 20

(7.1)③　　（借）　会議費　　　　　　　 30　　（貸）　交際費　　　　　　　 30
　☞　慣れるまでは，(1)誤った処理の反対仕訳をおこない，(2)正しい仕訳をおこなう，とい
　う2段階（2本の仕訳）をもって処理したうえで，「現金30」を相殺消去しましょう。
　（借）　現金　　　30　　（貸）　交際費　　　30……(1)誤った処理の反対仕訳
　（借）　会議費　　30　　（貸）　現金　　　30……(2)正しい仕訳

(7.2)①　　（借）　支払家賃　　　　　　360　　（貸）　普通預金　　　　　　540
　　　　　　　　　差入保証金　　　　　120
　　　　　　　　　権利金　　　　　　　 60

(7.2)②　　（借）　前払費用　　　　　　240　　（貸）　支払家賃　　　　　　240
　　　　　　　（借）　権利金償却　　　 10　　（貸）　権利金　　　　　　　 10
　☞　前払費用240＝①の支払家賃360×(4ヵ月／6ヵ月)だけ[費用の取消]をおこなう。
　☞　権利金償却10＝①の権利金60×(2ヵ月／12ヵ月)だけ[資産の減少]をおこなう。
　☞　敷金（差入保証金）は契約が満了すると返還されるため，決算整理は不要です。

練習問題　　165

(7.2)③   ②について，20X2 年 4 月に必要な仕訳をおこないます。

(7.3)①   20X2 年 5 月に土地 3,000 を購入し，代金は翌月末に支払います。

(7.3)②   ①の土地代金について，20X2 年 6 月末に普通預金口座から支払いました。

(7.3)③   20X3 年 3 月末に，①の土地は時価 2,950 となっていることが判明しました。

(7.3)④   20X3 年 9 月末に①の土地を 3,200 で売却し，後日に入金される予定です。

(7.3)⑤   ④の売却代金について，普通預金口座へ入金されました。

(7.3)⑥   20X1 年 12 月に機械装置 290 を購入し，据付手数料 10 とともに小切手を振り出して支払いました。

(7.3)⑦   ⑥の機械装置について，20X2 年 3 月末に減価償却（残存価額は零，償却率 0.200）をおこないます。

(7.3)⑧   ⑥の機械装置について，20X3 年 3 月末に減価償却をおこないます。

(7.3)⑨   ⑥の機械装置について，20X3 年 9 月末に売却し，小切手 200 を受領しました。

(7.4)①   インターネットへの接続料として，普通預金口座から 140 が引き落とされました。

(7.4)②   収入印紙を購入するため，現金 70 を支払いました。

(7.4)③   ②で購入した収入印紙のうち 20 が，期末までに未使用と判明しました。

(7.4)④   印刷機のトナーおよび用紙を購入するため，現金 100 を支払いました。

(7.2)③ （借）　支払家賃　　　　　　240　　（貸）　前払費用　　　　　　240
　　　☞　②で除外した支払家賃は，再振替仕訳により新年度の期間費用とします。

(7.3)① （借）　土地　　　　　　　3,000　　（貸）　未払金　　　　　　3,000

(7.3)② （借）　未払金　　　　　　3,000　　（貸）　普通預金　　　　　3,000

(7.3)③ 仕訳なし
　　　☞　土地には減価償却をおこないません。ただし，収益性の著しい低下した状況では減損処
　　　理をおこないます（129-132頁も参照のこと）。

(7.3)④ （借）　未収入金　　　　　3,200　　（貸）　土地　　　　　　　3,000
　　　　　　　　　　　　　　　　　　　　　　　　固定資産売却益　　　　200

(7.3)⑤ （借）　普通預金　　　　　3,200　　（貸）　未収入金　　　　　3,200

(7.3)⑥ （借）　機械装置　　　　　　300　　（貸）　当座預金　　　　　　300
　　　☞　機械装置の取得原価に付随費用も含めます（図表13-11も参照のこと）。

(7.3)⑦ （借）　減価償却費　　　　　20　　（貸）　減価償却累計額　　　　20
　　　☞　20X1年12月から20X2年3月末までの4ヵ月間の減価償却費を計上します。

(7.3)⑧ （借）　減価償却費　　　　　60　　（貸）　減価償却累計額　　　　60

(7.3)⑨ （借）　減価償却費　　　　　30　　（貸）　減価償却累計額　　　　30
　　　　　（借）　減価償却累計額　　　110　　（貸）　機械装置　　　　　　300
　　　　　　　　　現金　　　　　　　　200　　　　　固定資産売却益　　　　10
　　　☞　20X3年4月から9月末までの6ヵ月間の減価償却費30を忘れずに計上します。
　　　☞　機械装置300と対になっている減価償却累計額110（＝20＋60＋30）も減少させます。

(7.4)① （借）　通信費　　　　　　　140　　（貸）　普通預金　　　　　　140

(7.4)② （借）　租税公課　　　　　　70　　（貸）　現金　　　　　　　　70

(7.4)③ （借）　貯蔵品　　　　　　　20　　（貸）　租税公課　　　　　　20

(7.4)④ （借）　消耗品費　　　　　　100　　（貸）　現金　　　　　　　　100

(7. 4)⑤　　　　④について，期末の未使用分3には重要性の原則を適用します。

(7. 4)⑥　　　　備品（取得原価400，減価償却累計額250）の使用を中止して倉庫で保管することとしました。この時点での備品の売却価値は60と見積られています。

(7. 4)⑦　　　　車両800を翌月末払いの条件で購入し，20X3年1月より使用を開始しました。それまで使用していた車両（取得原価700，当期の減価償却費を考慮した後の減価償却累計額450）は200で下取りされ，この下取価格は新車代金の支払額から差し引きます。

(7. 4)⑧　　　　新車代金の残額を，20X3年2月末に小切手を振り出して支払いました。

(7. 4)⑨　　　　⑦の車両について，20X3年3月末に減価償却（残存価額は零，償却率0.200）をおこないます。

(7. 5)①　　　　手許現金の実際有高が310に対して，期末の帳簿残高は320でした。原因を調査したところ，決算直前に郵便切手10を購入し，そのすべてが未使用である旨が判明しました。

(7. 5)②　　　　期末商品在庫の帳簿残高300（原価15×20個）に対して，実地棚卸高は264（時価14.5×18個；時価3×1個）でした。

(7. 5)③　　　　②で生じた正常な範囲内の評価損については，売上原価に含めて処理します。

(7. 5)④　　　　決算手続のさなか，20X2年3月に実施した広告宣伝費10が請求されました。

(7.4)⑤ 　　仕訳なし

☞ 重要性の原則を適用しないならば，未使用分3を「貯蔵品」などの資産として計上すると同時に，期中に計上した消耗品費を3だけ取り消します。
（借）貯蔵品　　3　　（貸）消耗品費　　3

(7.4)⑥ （借）　減価償却累計額　　　　250　　（貸）備品　　　　　　　400
　　　　　　貯蔵品　　　　　　　　60
　　　　　　固定資産除却損　　　　90

☞ 有形固定資産の使用を中止することを「除却」といい，他者へ譲り渡す「売却」やゴミとして捨てる「廃棄」とは異なる状態を指します。除却資産の売却価値は貯蔵品勘定で処理します。

(7.4)⑦ （借）　減価償却累計額　　　　450　　（貸）車両　　　　　　　700
　　　　　　未収入金　　　　　　　200
　　　　　　固定資産売却損　　　　50
　　　　（借）車両　　　　　　　　800　　（貸）未収入金　　　　　200
　　　　　　　　　　　　　　　　　　　　　　　未払金　　　　　　600

☞ 旧車両の売却と新車の購入とは一緒くたにせず，別個に考えればよいでしょう。下取価格200を相殺消去すると以下のような仕訳となりますが，初学者には推奨しません。
（借）減価償却累計額　450　（貸）車両　　700
　　　固定資産売却損　　50　　　　未払金　600
　　　車両　　　　　　800

(7.4)⑧ （借）　未払金　　　　　　　600　　（貸）当座預金　　　　　600

(7.4)⑨ （借）　減価償却費　　　　　　40　　（貸）減価償却累計額　　　40

☞ 減価償却費40＝新車の取得原価800×償却率0.200×（3ヵ月／12ヵ月）。
新車の取得原価を⑧の支払額600と勘違いしてはなりません。

(7.5)① （借）　通信費　　　　　　　　10　　（貸）現金　　　　　　　　10
　　　　（借）貯蔵品　　　　　　　　10　　（貸）通信費　　　　　　　10

☞ 別解として，1取引（1本の仕訳）として処理することもできるでしょう。
（借）貯蔵品　　10　　（貸）現金　　10

(7.5)② （借）　棚卸減耗費　　　　　　15　　（貸）商品　　　　　　　　36
　　　　　　商品評価損　　　　　　21

☞ 商品評価損21＝正常分（15－14.5）×18個＋異常分（15－3）×1個。

(7.5)③ （借）　売上原価　　　　　　　　9　　（貸）商品評価損　　　　　9

(7.5)④ （借）　広告宣伝費　　　　　　10　　（貸）未払金　　　　　　　10

練習問題　　**169**

(7.5)⑤　決算整理の一環として，20X2 年 3 月分の給与 10 を見越し計上します。

(7.5)⑥　20X1 年 11 月から 1 年分の保険料 240 が普通預金口座から引き落とされました。

(7.5)⑦　⑥について，20X2 年 3 月末の決算整理をおこないます。

(7.5)⑧　⑦について，20X2 年 4 月に必要な仕訳をおこないます。

(7.5)⑨　倉庫（取得原価 900，減価償却累計額 540）および商品 480 が火災で焼失しました。

(7.5)⑩　⑨について，総額 1,500 の保険を掛けていたので，保険会社に支払請求をおこなったところ，保険金 900 を支払う旨の連絡がありました。

(7.5)⑪　⑩について，当座預金口座に入金がなされた旨を確認しました。

●8 章　練習問題

(8.1)①　前年の納税額にもとづき，法人税等 40 を現金で中間納付しました。

(8.1)②　法人税務上の所得金額は 200 と算定されました。法定実効税率を 30％として，①をふまえて決算整理をおこないます。

(8.1)③　②について，後日に現金で納付しました。

(8.2)①　買掛金の支払のために振り出したはずの小切手 240 が EX 社内で保管されたままとなっており，決算日までに相手方へ未渡であることが判明しました。

(7.5)⑤	（借）	給与	10	（貸）	未払費用	10

(7.5)⑥	（借）	支払保険料	240	（貸）	普通預金	240

(7.5)⑦	（借）	前払費用	140	（貸）	支払保険料	140

(7.5)⑧	（借）	支払保険料	140	（貸）	前払費用	140

(7.5)⑨	（借）	減価償却累計額	540	（貸）	建物	900
		火災損失	840		商品	480

(7.5)⑩	（借）	未収入金	900	（貸）	火災損失	840
					保険差益	60

☞　総額いくらの保険を掛けていたかは関係なく，入金される金額が未収入金となります。
⑨の段階で火災未決算勘定を用いて処理する場合もありますが，本書では省略しています。

(7.5)⑪	（借）	当座預金	900	（貸）	未収入金	900

○解答及び解説

(8.1)①	（借）	仮払法人税等	40	（貸）	現金	40

(8.1)②	（借）	法人税等	60	（貸）	仮払法人税等	40
					未払法人税等	20

(8.1)③	（借）	未払法人税等	20	（貸）	現金	20

(8.2)①	（借）	当座預金	240	（貸）	買掛金	240

☞　経理担当者が営業担当者へ小切手を手渡したときの仕訳は，
（借）買掛金　　240　　（貸）当座預金　　240
となります。営業担当者が相手方へ未渡のまま決算をむかえた場合，買掛金と当座預金とはいずれも減少していません。したがって，手渡したときの反対仕訳をおこなえばよいでしょう。

練習問題　　171

(8. 2)② 広告宣伝費の支払のために振り出したはずの小切手 240 が EX 社内で保管されたままとなっており，決算日までに相手方へ未渡であることが判明しました。

(8. 2)③ 買掛金 470 の支払のために小切手を振り出した際に，誤って［(借) 買掛金 740 (貸) 当座預金 740］と処理していたことが判明しました。

(8. 2)④ 当期に発生した売掛金のうち 160 を破産更生債権等へ振り替えました。全額について，貸倒引当金を見積り計上します。

(8. 3)① 研究開発部門に所属する従業員の人件費 400 について，期中に［(借) 給与 400 (貸) 普通預金 400］と処理していたことが判明しました。

(8. 3)② 特定の研究開発プロジェクトにのみ使用し，他の目的に使用できない機械装置 3,000 を 20X1 年 4 月 1 日付で取得し（残存価額は零，償却率 0.167），代金は普通預金口座から支払いました。

(8. 3)③ ②について，20X2 年 3 月末に必要な仕訳をかんがえましょう。

(8. 3)④ ②の研究開発活動の成果として，20X2 年 10 月 1 日に特許権を取得しました（耐用年数は 5 年）。当該プロジェクトについて 20X2 年度には普通預金口座から 1,000 を支払っています。

(8. 3)⑤ ④について，20X3 年 3 月末の決算整理をおこないます。

(8. 3)⑥ 特定の研究開発プロジェクトに使用するために機械装置 4,000 を 20X2 年 4 月 1 日付で取得し（残存価額は零，償却率 0.125），代金は普通預金口座から支払いました。この機械装置は当該プロジェクトが終了すると他に転用できます。

(8.2)② 　（借）　当座預金　　　　　　　240　　（貸）　　未払金　　　　　　　　240
☞　経理担当者が営業担当者へ小切手を手渡したときの仕訳は,
（借）　広告宣伝費　　240　　（貸）　当座預金　240
となります。このとき,①と同様に反対仕訳をおこなってしまうと,「広告宣伝費が発生しな
かった」かの如く処理されてしまいます。「広告宣伝費は発生したが,期末までに未払であ
る」旨を表すためには,未払金の増加として処理する点に留意してください。

(8.2)③ 　（借）　当座預金　　　　　　　270　　（貸）　　買掛金　　　　　　　　270
☞　慣れるまでは,(1)誤った処理の反対仕訳をおこない,(2)正しい仕訳をおこなう,とい
う2段階（2本の仕訳）をもって処理してもよいでしょう。
（借）　当座預金　　740　　（貸）　買掛金　　740……(1)誤った処理の反対仕訳
（借）　買掛金　　470　　（貸）　当座預金　470……(2)正しい仕訳

(8.2)④ 　（借）　破産更生債権等　　　　160　　（貸）　　売掛金　　　　　　　　160
　　　　　（借）　貸倒引当金繰入　　　　160　　（貸）　　貸倒引当金　　　　　　160

(8.3)① 　（借）　研究開発費　　　　　　400　　（貸）　　給与　　　　　　　　　400
☞　慣れるまでは,(1)誤った処理の反対仕訳をおこない,(2)正しい仕訳をおこなう,とい
う2段階（2本の仕訳）をもって処理したうえで,「普通預金400」を相殺消去しましょう。
（借）　普通預金　　400　　（貸）　給与　　　400……(1)誤った処理の反対仕訳
（借）　研究開発費　400　　（貸）　普通預金　400……(2)正しい仕訳

(8.3)② 　（借）　研究開発費　　　　　3,000　　（貸）　　普通預金　　　　　　3,000
☞　研究開発の段階では,それが将来に実を結ぶかどうかわかりません。したがって,人件
費や原材料費はもちろんのこと,他の目的に使用できない機械装置の取得原価も発生時の費
用として処理します。

(8.3)③ 　仕訳なし
☞　②で発生時に費用として処理しており,決算整理はありません。

(8.3)④ 　（借）　特許権　　　　　　　1,000　　（貸）　　普通預金　　　　　　1,000
☞　②の研究開発の成果が特許権として登録されたので,無形固定資産の区分に計上します。
ただし,②の研究開発費3,000など過年度に費用として処理した分を振り替えることはできま
せん。

(8.3)⑤ 　（借）　特許権償却　　　　　　100　　（貸）　　特許権　　　　　　　　100
☞　有形固定資産の減価償却とは異なり,無形固定資産の償却は取得原価を直接に減額させ
ます。20X2年10月1日から20X3年3月末までの6ヵ月分を償却（費用化）します。

(8.3)⑥ 　（借）　機械装置　　　　　　4,000　　（貸）　　普通預金　　　　　　4,000
☞　②とは異なり,研究開発のみならず他に転用できることから,通常の「機械装置」とし
て処理します。

練習問題　　**173**

(8. 3)⑦   ⑥について，20X3 年 3 月末には当該プロジェクトが進行中だった場合の決算
整理をおこないます。

(8. 3)⑧   ⑥について，20X2 年 12 月末に当該プロジェクトが終了し，20X3 年 3 月末に
は他に転用していた場合の決算整理をおこないます。

●9 章　練習問題

(9. 1)①   20X2 年 4 月 1 日に，現金 100,000 を定期預金（年利 4％）としました。

(9. 1)②   ①について，20X3 年 3 月末に解約して元利を現金で受領しました。

(9. 1)③   20X3 年 1 月 1 日に，現金 100,000 を定期預金（年利 4％）としました。

(9. 1)④   ③について，20X3 年 3 月末の決算整理をおこないます。便宜的に，利息は定
額法（月割り）で計算してください。

(9. 1)⑤   ③について，20X3 年 4 月に必要な仕訳をおこないます。

(9. 1)⑥   ③について，20X3 年 12 月末に解約して元利を現金で受領しました。

(9. 2)①   20X2 年 4 月 1 日に，現金 200,000 を貸し出しました。年利 5％として，1 年
後に元利を回収する約束となっています。

(9. 2)②   ①について，20X3 年 3 月末に元利を現金で受領しました。

174

(8.3)⑦　（借）　研究開発費　　　　　500　　（貸）　減価償却累計額　　　500
☞　研究開発に用いている期間の減価償却については「研究開発費」として処理します。次のように2段階（2本の仕訳）をもって理解することができるでしょう。
（借）　減価償却費　　500　　（貸）　減価償却累計額　　500……(1)減価償却費の発生
（借）　研究開発費　　500　　（貸）　減価償却費　　　　500……(2)研究開発費勘定への振替

(8.3)⑧　（借）　研究開発費　　　　　375　　（貸）　減価償却累計額　　　500
　　　　　　　　減価償却費　　　　　125

○解答及び解説

(9.1)①　（借）　定期預金　　　　100,000　　（貸）　現金　　　　　　　100,000

(9.1)②　（借）　定期預金　　　　　4,000　　（貸）　受取利息　　　　　　4,000
　　　　　（借）　現金　　　　　　104,000　　（貸）　定期預金　　　　　104,000

(9.1)③　（借）　定期預金　　　　100,000　　（貸）　現金　　　　　　　100,000

(9.1)④　（借）　定期預金　　　　　1,000　　（貸）　受取利息　　　　　　1,000
☞　本書の理解とは異なり，「現金で受領して初めて受取利息を計上する」と考える向きは以下のような別解をもって処理するでしょう。
（借）　未収収益　　1,000　　（貸）　受取利息　　1,000

(9.1)⑤　仕訳なし
☞　本書の理解とは異なり，④で別解のように処理した場合には再振替仕訳をおこないます。
（借）　受取利息　　1,000　　（貸）　未収収益　　1,000

(9.1)⑥　（借）　定期預金　　　　　3,000　　（貸）　受取利息　　　　　　3,000
　　　　　（借）　現金　　　　　　104,000　　（貸）　定期預金　　　　　104,000
☞　⑤をふまえると，以下の別解でも20X3年度の受取利息は通算3,000となります。定期預金は時の経過とともに増価するという本書の理解とは異なり，別解における定期預金は元本100,000が維持されています。
（借）　現金　　104,000　　（貸）　受取利息　　4,000
　　　　　　　　　　　　　　　　　定期預金　100,000

(9.2)①　（借）　貸付金　　　　　200,000　　（貸）　現金　　　　　　　200,000

(9.2)②　（借）　貸付金　　　　　 10,000　　（貸）　受取利息　　　　　 10,000
　　　　　（借）　現金　　　　　　210,000　　（貸）　貸付金　　　　　　210,000

練習問題　　175

(9.2)③　20X2 年 4 月 1 日に，現金 200,000 を貸し出しました。年利 5％として，2 年後に元利を回収する約束となっています。

(9.2)④　③について，20X3 年 3 月末の決算整理をおこないます。

(9.2)⑤　③について，20X3 年 4 月に必要な仕訳をおこないます。

(9.2)⑥　③について，20X4 年 3 月末に元利を現金で受領しました。

(9.4)①　20X2 年 4 月 1 日に，得意先から借入の申込があったために普通預金口座から 190,000 を支払い，同時に，20X3 年 3 月末を支払期日とする約束手形 200,000 を受領しました。

(9.4)②　①について，20X3 年 3 月末に元利を小切手で受領しました。

(9.4)③　20X2 年 10 月 1 日に，得意先から借入の申込があったために普通預金口座から 190,000 を支払い，同時に，20X3 年 9 月末を支払期日とする約束手形 200,000 を受領しました。

(9.4)④　③について，20X3 年 3 月末の決算整理をおこないます。便宜的に，利息は定額法（月割り）で計算してください。

(9.4)⑤　③について，20X3 年 4 月に必要な仕訳をおこないます。

176

(9.2)③　（借）　貸付金　　　　　　　200,000　（貸）　現金　　　　　　　　200,000

(9.2)④　（借）　貸付金　　　　　　　10,000　（貸）　受取利息　　　　　　10,000
　　　☞　本書の理解とは異なり，「現金で受領して初めて受取利息を計上する」と考える向きは以下のような別解をもって処理するでしょう。
　　　（借）　未収収益　　　10,000　（貸）　受取利息　　　10,000

(9.2)⑤　仕訳なし
　　　☞　本書の理解とは異なり，④で別解のように処理した場合には再振替仕訳をおこないます。
　　　（借）　受取利息　　　10,000　（貸）　未収収益　　　10,000

(9.2)⑥　（借）　貸付金　　　　　　　10,000　（貸）　受取利息　　　　　　10,000
　　　（借）　現金　　　　　　　　220,000　（貸）　貸付金　　　　　　　220,000
　　　☞　⑤をふまえると，以下の別解でも20X3年度の受取利息は通算10,000となります。貸付金は時の経過とともに増価するという本書の理解とは異なり，別解における貸付金は元本200,000が維持されています。
　　　（借）　現金　　　220,000　（貸）　受取利息　　　20,000
　　　　　　　　　　　　　　　　　　　貸付金　　　200,000

(9.4)①　（借）　手形貸付金　　　　　190,000　（貸）　普通預金　　　　　　190,000
　　　☞　本書の理解とは異なり，約束手形について債権額で計上する別解は以下のとおりです。
　　　（借）　手形貸付金　　　200,000　（貸）　普通預金　　　190,000
　　　　　　　　　　　　　　　　　　　　受取利息　　　10,000

(9.4)②　（借）　手形貸付金　　　　　10,000　（貸）　受取利息　　　　　　10,000
　　　（借）　現金　　　　　　　　200,000　（貸）　手形貸付金　　　　　200,000
　　　☞　本書の理解とは異なり，①で別解のように処理した場合には以下のとおりです。
　　　（借）　現金　　　200,000　（貸）　手形貸付金　　　200,000

(9.4)③　（借）　手形貸付金　　　　　190,000　（貸）　普通預金　　　　　　190,000
　　　☞　①と同様に，約束手形について債権額で計上する別解は以下のとおりです。
　　　（借）　手形貸付金　　　200,000　（貸）　普通預金　　　190,000
　　　　　　　　　　　　　　　　　　　　受取利息　　　10,000

(9.4)④　（借）　手形貸付金　　　　　5,000　（貸）　受取利息　　　　　　5,000
　　　☞　③で別解のように処理した場合には以下のとおりです。
　　　（借）　受取利息　　　5,000　（貸）　前受収益　　　5,000

(9.4)⑤　仕訳なし
　　　☞　本書の理解とは異なり，③で別解のように処理した場合には再振替仕訳をおこないます。
　　　（借）　前受収益　　　5,000　（貸）　受取利息　　　5,000

練習問題　　**177**

(9. 4)⑥　　　③について，20X3 年 9 月末に元利を小切手で受領しました。

● 10 章　練習問題

(10. 2)①　　　20X2 年 4 月 1 日に満期まで保有する目的で債券金額 200,000 の DA 社社債
　　　　　　（償還期限は 20X5 年 3 月 31 日）を取得し，諸費用もあわせて 177,800 を普通
　　　　　　預金口座から支払いました（実効利率は 4％）。この取得価額と債券金額との
　　　　　　差額は，すべて金利の調整分と認められます。なお，割引債のため利払日は
　　　　　　ありません。

(10. 2)②　　　①について，20X3 年 3 月末の決算整理をおこないます。

(10. 2)③　　　①について，20X4 年 3 月末の決算整理をおこないます。

(10. 2)④　　　①について，20X5 年 3 月末に償還され，普通預金口座へ入金されました。

(10. 3)①　　　20X2 年 4 月 1 日に満期まで保有する目的で DB 社社債（債券金額 200,000，
　　　　　　表面利率 1％，利払日は毎年 3 月 31 日，償還期限は 20X5 年 3 月 31 日）を取
　　　　　　得し，諸費用もあわせて 183,350 を普通預金口座から支払いました（実効利
　　　　　　率は 4％）。クーポンは普通預金口座で受領するほか，この取得価額と債券金
　　　　　　額との差額はすべて金利の調整分と認められます。

(10. 3)②　　　①について，20X3 年 3 月末に必要な仕訳をおこないます。

(10. 3)③　　　①について，20X4 年 3 月末に必要な仕訳をおこないます。

(10. 3)④　　　①について，20X5 年 3 月末に償還され，普通預金口座へ入金されました。

178

(9. 4)⑥　（借）　手形貸付金　　　5,000　　（貸）　受取利息　　　　5,000
　　　　　（借）　現金　　　　200,000　　（貸）　手形貸付金　　200,000
　　　☞　本書の理解とは異なり，③で別解のように処理した場合には以下のとおりです。
　　　（借）　現金　　　200,000　　（貸）　手形貸付金　　200,000

○解答及び解説

(10. 2)①　（借）　投資有価証券　　177,800　　（貸）　普通預金　　　177,800

(10. 2)②　（借）　投資有価証券　　　7,112　　（貸）　有価証券利息　　7,112

(10. 2)③　（借）　投資有価証券　　　7,396　　（貸）　有価証券利息　　7,396

(10. 2)④　（借）　投資有価証券　　　7,692　　（貸）　有価証券利息　　7,692
　　　　　（借）　普通預金　　　200,000　　（貸）　投資有価証券　　200,000

(10. 3)①　（借）　投資有価証券　　183,350　　（貸）　普通預金　　　183,350

(10. 3)②　（借）　投資有価証券　　　7,334　　（貸）　有価証券利息　　7,334
　　　　　（借）　普通預金　　　　2,000　　（貸）　投資有価証券　　　2,000
　　　☞　本書の理解とは異なり，1取引（1本の仕訳）という別解もあり得るでしょう。③以下も
　　　同様ですので，別解は割愛します。
　　　（借）　普通預金　　　　2,000　　（貸）　有価証券利息　　7,334
　　　　　　投資有価証券　　5,334

(10. 3)③　（借）　投資有価証券　　　7,547　　（貸）　有価証券利息　　7,547
　　　　　（借）　普通預金　　　　2,000　　（貸）　投資有価証券　　　2,000

(10. 3)④　（借）　投資有価証券　　　7,769　　（貸）　有価証券利息　　7,769
　　　　　（借）　普通預金　　　202,000　　（貸）　投資有価証券　　202,000

練習問題　　**179**

● 11 章　練習問題

(11.3)① 　DX 社株式を売買目的有価証券として取得する旨を決め，100 株を購入して諸費用もあわせて 12,500 を普通預金口座から支払うこととなりました。[約定日基準]

(11.3)② 　①で取得した DX 社株式が時価 130/株へ上昇したため，60 株を売却しました。なお，証券会社への手数料 100 が差し引かれて普通預金口座へ入金されます。[約定日基準]

(11.3)③ 　①について，購入代金が普通預金口座から引き落とされました。

(11.3)④ 　②について，売却代金が普通預金口座へ入金されました。

(11.3)⑤ 　①で取得した DX 社株式は，期末に時価 150/株となりました。

(11.4)① 　DY 社株式をその他有価証券として取得する旨を決め，100 株を購入して諸費用もあわせて 12,500 を普通預金口座から支払うこととなりました。[約定日基準]

(11.4)② 　①について，購入代金が普通預金口座から引き落とされました。

(11.4)③ 　①で取得した DY 社株式が時価 150/株となったところで，期末をむかえました。

(11.4)④ 　③について，翌期首に必要な仕訳をおこないます。

180

○解答及び解説

(11. 3)①	（借）	売買目的有価証券	12,500	（貸）	未払金	12,500

(11. 3)②	（借）	未収入金	7,700	（貸）	売買目的有価証券	7,500
		支払手数料	100		有価証券運用損益	300

☞ ①より，購入単価は 12,500÷100 株＝125/株 と算定されます。したがって，有価証券運用損益 300＝(130/株－125/株)×60 株，となります。なお，同一銘柄の売買目的有価証券を複数回にわたって購入した場合には，移動平均法などにより売却原価を算定します。

(11. 3)③	（借）	未払金	12,500	（貸）	普通預金	12,500

(11. 3)④	（借）	普通預金	7,700	（貸）	未収入金	7,700

(11. 3)⑤	（借）	売買目的有価証券	1,000	（貸）	有価証券運用損益	1,000

(11. 4)①	（借）	投資有価証券	12,500	（貸）	未払金	12,500

(11. 4)②	（借）	未払金	12,500	（貸）	普通預金	12,500

(11. 4)③	（借）	投資有価証券	2,500	（貸）	その他有価証券評価差額金	2,500

☞ 税効果（法定実効税率は 30％）を考慮すると，以下のようになります。

（借）投資有価証券 2,500 （貸）その他有価証券評価差額金 2,500
（借）その他有価証券評価差額金 750 （貸）繰延税金負債 750

あるいは，1 取引（1 本の仕訳）という別解もあり得るでしょう。

（借）投資有価証券 2,500 （貸）その他有価証券評価差額金 1,750
　　　　　　　　　　　　　　　　　　繰延税金負債 750

(11. 4)④	（借）	その他有価証券評価差額金	2,500	（貸）	投資有価証券	2,500

☞ ③で税効果を考慮した場合，以下のようになります。

（借）その他有価証券評価差額金 1,750 （貸）投資有価証券 2,500
　　　繰延税金負債 750

練習問題　**181**

(11. 4)⑤ 　①で取得した DY 社株式が時価 120/株となったところで，期末をむかえました。

(11. 4)⑥ 　⑤について，翌期首に必要な仕訳をおこないます。

(11. 4)⑦ 　①で取得した DY 社株式の時価が 40/株まで著しく下落し，期末をむかえました。

(11. 4)⑧ 　⑦について，翌期首に必要な仕訳をおこないます。

(11. 4)⑨ 　⑧の直後に，保有する DY 社株式を時価 45/株ですべて売却しました。なお，証券会社への手数料 100 が差し引かれて普通預金口座へ入金されます。[約定日基準]

(11. 4)⑩ 　⑨について，売却代金が普通預金口座へ入金されました。

(11. 5)① 　保有する DZ 社社債が利払日をむかえ，クーポン 300 を受領しました。

(11. 5)② 　保有する DZ 社株式について，その他利益剰余金の配当 300 を受領しました。

(11. 5)③ 　売買目的有価証券として保有する DX 社株式について，その他資本剰余金の配当 300 を受領しました。

(11. 5)④ 　その他有価証券として保有する DY 社株式について，その他資本剰余金の配当 300 を受領しました。

(11. 4)⑤　　（借）　その他有価証券　　　　　　　（貸）　投資有価証券　　　　　　500
　　　　　　　　　　評価差額金　　　　　　　500
　　　☞　税効果（法定実効税率は30％）を考慮すると，以下のようになります。
　　　（借）　その他有価証券評価差額金　　500　　（貸）　投資有価証券　　　　　　　500
　　　（借）　繰延税金資産　　　　　　　　150　　（貸）　その他有価証券評価差額金　　150
　　　あるいは，1取引（1本の仕訳）という別解もあり得るでしょう。
　　　（借）　その他有価証券評価差額金　　350　　（貸）　投資有価証券　　　　　　　500
　　　　　　繰延税金資産　　　　　　　　150

(11. 4)⑥　　（借）　投資有価証券　　　　　　500　　（貸）　その他有価証券
　　　　　　　　　　　　　　　　　　　　　　　　　　　　　　　　評価差額金　　　　　　500
　　　☞　⑤で税効果を考慮した場合，以下のようになります。
　　　（借）　投資有価証券　　　500　　（貸）　その他有価証券評価差額金　　350
　　　　　　　　　　　　　　　　　　　　　　繰延税金資産　　　　　　　　150

(11. 4)⑦　　（借）　投資有価証券評価損　　8,500　　（貸）　投資有価証券　　　　　8,500

(11. 4)⑧　　仕訳なし
　　　☞　⑦のように時価が著しく下落した場合には減損処理をおこない，再振替仕訳はありません。

(11. 4)⑨　　（借）　未収入金　　　　　　　4,400　　（貸）　投資有価証券　　　　　4,000
　　　　　　　　　　支払手数料　　　　　　　100　　　　　投資有価証券売却益　　　500
　　　☞　⑦より，売却原価は 40/株×100 株＝4,000 まで下落しています。したがって，投資有価証券売却益 500＝（45/株－40/株）×100 株，となります。

(11. 4)⑩　　（借）　普通預金　　　　　　　4,400　　（貸）　未収入金　　　　　　　4,400

(11. 5)①　　（借）　現金　　　　　　　　　　300　　（貸）　有価証券利息　　　　　　300

(11. 5)②　　（借）　現金　　　　　　　　　　300　　（貸）　受取配当金　　　　　　　300

(11. 5)③　　（借）　現金　　　　　　　　　　300　　（貸）　受取配当金　　　　　　　300

(11. 5)④　　（借）　現金　　　　　　　　　　300　　（貸）　投資有価証券　　　　　　300

練習問題　　**183**

● 12章　練習問題

(12.1)①　株主総会において，その他利益剰余金の配当および処分について［株主への配当支払4,000，利益準備金400，任意積立金1,000］と決議しました。

(12.1)②　①の株主へ支払う配当について，普通預金口座から引き落とされました。

(12.1)③　株主総会の決議を経て，自己株式を24/株で500株を取得し，証券会社への手数料100とあわせて普通預金口座から支払っています。

(12.1)④　③について，すべての自己株式を消却しました。

(12.2)①　20X2年4月1日に4年債（額面金額300,000，表面利率1.2％，利払日は毎年3月31日，償還期限は20X6年3月31日）を発行し，279,927が普通預金口座へ入金されました（実効利率は3％）。クーポンは普通預金口座から支払うほか，収入額と額面金額との差額は償却原価法（利息法）により処理します。発行時の仕訳をかんがえましょう。

(12.2)②　①について，20X3年3月末に必要な仕訳をおこないます。

(12.2)③　①について，20X4年3月末に必要な仕訳をおこないます。

(12.2)④　①について，20X5年3月末に必要な仕訳をおこないます。

(12.2)⑤　①について，20X6年3月末に普通預金口座をつうじて償還しました。

○解答及び解説

(12. 1)①	（借）	繰越利益剰余金	5,400	（貸）	未払配当金	4,000
					利益準備金	400
					任意積立金	1,000

(12. 1)②	（借）	未払配当金	4,000	（貸）	普通預金	4,000

(12. 1)③	（借）	自己株式	12,000	（貸）	普通預金	12,100
		支払手数料	100			

(12. 1)④	（借）	その他資本剰余金	12,000	（貸）	自己株式	12,000

(12. 2)①	（借）	普通預金	279,927	（貸）	社債	279,927

(12. 2)②	（借）	社債利息	8,398	（貸）	社債	8,398
	（借）	社債	3,600	（貸）	普通預金	3,600

☞ *本書の理解とは異なり，1取引（1本の仕訳）という別解もあり得るでしょう。③以下も同様ですので，別解は割愛します。*

（借） 社債利息　8,398　（貸）　普通預金　3,600
*　　　　　　　　　　　　　　　社債　　　4,798*

(12. 2)③	（借）	社債利息	8,542	（貸）	社債	8,542
	（借）	社債	3,600	（貸）	普通預金	3,600

(12. 2)④	（借）	社債利息	8,690	（貸）	社債	8,690
	（借）	社債	3,600	（貸）	普通預金	3,600

(12. 2)⑤	（借）	社債利息	8,843	（貸）	社債	8,843
	（借）	社債	303,600	（貸）	普通預金	303,600

練習問題　185

(12.2)⑥ 　20X3 年 4 月 1 日に 5 年債（額面金額 300,000，表面利率 1.2％，利払日は毎年 3 月 31 日，償還期限は 20X8 年 3 月 31 日）を発行し，262,605 が普通預金口座へ入金されました（実効利率は 4％）。この収入額と額面金額との差額は，償却原価法（利息法）により処理します。

(12.2)⑦ 　⑥について，20X4 年 3 月末に必要な仕訳をおこないます。クーポンは普通預金口座から支払います。

(12.2)⑧ 　⑥について，20X5 年 3 月末に必要な仕訳をおこないます。

(12.2)⑨ 　⑥について資金繰りの目途がついたので，20X6 年 3 月末に社債権者へ 288,000 を普通預金口座から支払って途中償還をおこないました。

(12.3)① 　20X2 年 7 月 1 日に従業員 320 名にストック・オプション（1 名につき 1 個，1 個につき 10 株を割当，付与日における公正な評価単価は 200/個）を付与しました。対象勤務期間は 20X2 年 7 月 1 日から 20X3 年 6 月末であり，権利確定日までに 5 名が退職するものと見込んでいます。付与日における仕訳をかんがえましょう。

(12.3)② 　①について，前提条件に変更はないものとして，20X3 年 3 月末の決算整理をおこないます。

(12.3)③ 　①について，権利確定日までに 6 名が実際に退職し，権利不確定により失効しました。20X3 年 6 月末に必要な仕訳をおこないます。

(12.3)④ 　①について，20X3 年度中に 300 名が権利を行使し，権利行使価格 500/株が当座預金口座へ入金されました。払込金額の全額を資本金とします。

(12. 2)⑥　（借）　普通預金　　　262,605　　　（貸）　社債　　　　　262,605

(12. 2)⑦　（借）　社債利息　　　10,504　　　（貸）　社債　　　　　10,504
　　　　　　（借）　社債　　　　　3,600　　　（貸）　普通預金　　　3,600

(12. 2)⑧　（借）　社債利息　　　10,780　　　（貸）　社債　　　　　10,780
　　　　　　（借）　社債　　　　　3,600　　　（貸）　普通預金　　　3,600

(12. 2)⑨　（借）　社債利息　　　11,068　　　（貸）　社債　　　　　11,068
　　　　　　（借）　社債　　　　287,757　　　（貸）　普通預金　　288,000
　　　　　　　　　社債償還損　　　　243
　　☞　*20X6 年 3 月末までは資金を融通されていることから，前年度までと同様に社債利息を計上します。その結果として社債は 287,757 まで増価しましたが，社債権者へ 288,000 を支払って償還しています。差額 243 が社債償還損として発生しますが，より低い金利での資金調達が見つかった場合や，資金の運用方針を変えた場合などには途中償還も選択肢となるでしょう。*

(12. 3)①　　仕訳なし
　　☞　*ストック・オプションが付与されたと同時に権利を行使できるような場合を除き，ストック・オプションの付与日には仕訳をおこないません。*

(12. 3)②　（借）　株式報酬費用　　　47,250　　　（貸）　新株予約権　　　47,250
　　☞　*（320−5）名×公正な評価単価 200/個×（9 ヵ月／ 12 ヵ月）＝47,250。付与日から 20X3 年 3 月末までの 9 ヵ月間，従業員から労働用役を取得している点に留意してください。*

(12. 3)③　（借）　株式報酬費用　　　15,550　　　（貸）　新株予約権　　　15,550
　　☞　*（320−6）名×公正な評価単価 200/個×（12 ヵ月／ 12 ヵ月）−47,250＝15,550。最終的に権利が確定した 314 名について株式報酬費用を認識します。*

(12. 3)④　（借）　新株予約権　　　60,000　　　（貸）　資本金　　　1,560,000
　　　　　　　　　当座預金　　　1,500,000
　　☞　*公正な評価単価 200×300 名＝60,000。権利行使価格 500/株×10 株×300 名＝1,500,000。*

(12.3)⑤   ①について，従業員14名は権利不行使のまま失効しました。

(12.4)①   募集株式の引受人から20,000が払込期日までに入金されたので，新株式申込証拠金として処理しています。

(12.4)②   ①について払込期日となったので，会社法で認められた最低額を資本金として処理します。それと同時に，当座預金を増加させます。なお，株式交付費100を当座預金口座から支払っています。

(12.4)③   株主総会の決議を経て，自己株式を20/株で200株を取得し，証券会社への手数料100とあわせて普通預金口座から支払っています。

(12.4)④   ③について，期末における当社株式の時価は22/株となっています。期末に必要な仕訳をおこないます。

(12.4)⑤   募集株式の引受人から払込期日に当座預金口座へ12,000が入金されたので500株を交付しています。このうち300株は新株を発行しましたが，200株は③で取得した自己株式を処分しています。会社法で認められた最低額を資本金とし，株式交付費100を当座預金口座から支払っています。

●13章　練習問題

(13.1)①   20X2年4月1日付で備品のリース契約を締結し，使用を開始しています。解約不能のリース期間は5年，年間のリース料1,380は毎年3月末に普通預金口座から引き落とされます。リース会社が当該物件の購入に要した金額や計算に用いた利率は不明ですが，EX社が同じ機械装置を購入する場合は6,500を要し，この資金を金融機関から追加的に調達する場合の利率は3％です。当該物件の経済的耐用年数は6年であり，見積残存価額は零とします。当該物件は特別仕様ではなく，契約期間満了後にはリース会社へ返却し，所有権が移転しない契約となっています。リース契約時の仕訳をかんがえましょう。

(12.3)⑤　（借）　新株予約権　　　　　2,800　　　（貸）　新株予約権戻入益　　　2,800
　　　☞　公正な評価単価 200×14 名＝2,800 もしくは 62,800－60,000＝2,800。

(12.4)①　（借）　別段預金　　　　　20,000　　　（貸）　新株式申込証拠金　　20,000

(12.4)②　（借）　新株式申込証拠金　20,000　　　（貸）　資本金　　　　　　　10,000
　　　　　　　　　　　　　　　　　　　　　　　　　　　　資本準備金　　　　　10,000

　　　　　（借）　当座預金　　　　　20,000　　　（貸）　別段預金　　　　　　20,000
　　　　　（借）　株式交付費　　　　　　100　　　（貸）　当座預金　　　　　　　100

(12.4)③　（借）　自己株式　　　　　　4,000　　　（貸）　普通預金　　　　　　　4,100
　　　　　　　　　支払手数料　　　　　　100

(12.4)④　仕訳なし
　　　☞　自己株式の額は「株主へいくら払い戻した」かを意味しますので，時価評価は馴染みません。

(12.4)⑤　（借）　当座預金　　　　　　7,200　　　（貸）　資本金　　　　　　　　3,600
　　　　　　　　　　　　　　　　　　　　　　　　　　　　資本準備金　　　　　　3,600

　　　　　（借）　当座預金　　　　　　4,800　　　（貸）　自己株式　　　　　　　4,000
　　　　　　　　　　　　　　　　　　　　　　　　　　　　自己株式処分差益　　　　800

　　　　　（借）　株式交付費　　　　　　100　　　（貸）　当座預金　　　　　　　100

○解答及び解説

(13.1)①　（借）　備品　　　　　　　　6,320　　　（貸）　リース債務　　　　　　6,320
　　　☞　［支払リース料総額の現在価値 6,320］＜［見積現金購入価額 6,500］より，いずれか低い額 6,320 がリース債務の当初測定となり，その同額を備品の取得原価とします。

練習問題　　189

(13. 1)②　①について，20X3 年 3 月末に必要な仕訳をおこないます。

(13. 1)③　①について，20X4 年 3 月末に必要な仕訳をおこないます。

(13. 1)④　①について，20X5 年 3 月末に必要な仕訳をおこないます。

(13. 1)⑤　①について，20X6 年 3 月末に必要な仕訳をおこないます。

(13. 1)⑥　①について，20X7 年 3 月末に必要な仕訳をおこないます。

(13. 2)①　保有する土地 10,000 について，20X2 年 8 月末に割引前将来キャッシュ・フローの総額が 4,000 と算定されました。正味売却価額は 1,800，使用価値は 3,100 と算定されているとき，20X2 年 8 月末の仕訳をかんがえましょう。

(13. 2)②　20X2 年 4 月 1 日付で機械装置（特注のため，他社への売却は困難です）を取得し，諸費用もあわせて 6,000 を普通預金口座から支払っています。20X3 年 3 月末の減価償却（残存価額は零，償却率 0.167）もおこないます。

(13. 2)③　②について，20X3 年 11 月末に，減損の兆候があることが判明しました。20X3 年度以降の割引前将来キャッシュ・フロー（すべて各期末に発生すると仮定）は毎期 1,100 であり，使用価値の算定に用いる割引率は 5％とします。20X3 年 11 月末の仕訳をかんがえましょう。

(13. 1)② （借）　支払利息　　　　　　190　　（貸）　リース債務　　　　　　190
　　　　　（借）　リース債務　　　　1,380　　（貸）　普通預金　　　　　1,380
　　　　　（借）　減価償却費　　　　1,264　　（貸）　減価償却累計額　　1,264
　　　☞　ただし，一般的にはリース料の支払について1取引（1本の仕訳）として処理されます。
　　　③以下も同様ですので，別解は割愛します。
　　　　（借）　支払利息　　　190　（貸）　普通預金　　　　1,380
　　　　　　　　リース債務　1,190
　　　　（借）　減価償却費　1,264　（貸）　減価償却累計額　1,264

(13. 1)③ （借）　支払利息　　　　　　154　　（貸）　リース債務　　　　　　154
　　　　　（借）　リース債務　　　　1,380　　（貸）　普通預金　　　　　1,380
　　　　　（借）　減価償却費　　　　1,264　　（貸）　減価償却累計額　　1,264

(13. 1)④ （借）　支払利息　　　　　　117　　（貸）　リース債務　　　　　　117
　　　　　（借）　リース債務　　　　1,380　　（貸）　普通預金　　　　　1,380
　　　　　（借）　減価償却費　　　　1,264　　（貸）　減価償却累計額　　1,264

(13. 1)⑤ （借）　支払利息　　　　　　 79　　（貸）　リース債務　　　　　　 79
　　　　　（借）　リース債務　　　　1,380　　（貸）　普通預金　　　　　1,380
　　　　　（借）　減価償却費　　　　1,264　　（貸）　減価償却累計額　　1,264

(13. 1)⑥ （借）　支払利息　　　　　　 40　　（貸）　リース債務　　　　　　 40
　　　　　（借）　リース債務　　　　1,380　　（貸）　普通預金　　　　　1,380
　　　　　（借）　減価償却費　　　　1,264　　（貸）　減価償却累計額　　1,264

(13. 2)① （借）　減損損失　　　　　6,900　　（貸）　土地　　　　　　　6,900
　　　☞　［割引前将来キャッシュ・フロー4,000］＜［帳簿価額10,000］より，減損損失を認識する
　　　必要があります。具体的には［正味売却価額1,800］＜［使用価値3,100］より回収可能価額は
　　　3,100のため，帳簿価額10,000との差額6,900を減損損失とします。

(13. 2)② （借）　機械装置　　　　　6,000　　（貸）　普通預金　　　　　6,000
　　　　　（借）　減価償却費　　　　1,002　　（貸）　減価償却累計額　　1,002

(13. 2)③ 仕訳なし
　　　☞　20X3年11月末には［帳簿価額4,998］＜［割引前将来キャッシュ・フロー5,500］より，
　　　減損損失を認識する必要はありません。

練習問題　　**191**

(13. 2)④　③について，20X4年3月末の決算整理をおこないます。

(13. 2)⑤　④について，20X5年1月末に，減損の兆候があることが判明しました。20X4年度以降の将来キャッシュ・フロー（すべて各期末に発生すると仮定）は毎期450であり，使用価値の算定に用いる割引率は5％とします。20X5年1月末の仕訳をかんがえましょう。

(13. 2)⑥　⑤について，20X5年3月末の決算整理をおこないます。

(13. 3)①　20X3年10月1日に建物（取得原価6,000，減価償却累計額5,100）の修繕が完了し，代金1,000が請求されています。このうち，800については耐震強化のための支出と認められます。小切手400を振り出したほか，残額は翌月末に支払うこととしました。

(13. 3)②　①について，工事代金の残額を普通預金口座から支払いました。

(13. 3)③　①について，20X4年3月末の減価償却（残存価額は零，償却率0.050）をおこないます。

(13. 3)④　建設中であった工場が竣功したため，20X3年12月1日に使用を開始しました。工事代金2,000および登記手数料500については現金で支払い，残額は約束手形4,000を振り出しました。なお，当該工事に対しては，すでに8,500を支払っています。

(13. 3)⑤　④について，20X4年3月末の減価償却（残存価額は零，償却率0.050）をおこないます。

(13. 4)①　20X2年4月1日に機械装置を取得し，普通預金口座から8,000を支払います。この機械装置は5年間の使用後に撤去すべき法的義務があり，撤去には1,200を要すると見積りました。資産除去債務は機械装置の取得時にのみ発生するものとし，計算に用いる割引率は3％とします。20X2年4月1日の仕訳をかんがえましょう。

(13. 4)②　①について，20X3年3月末の決算整理をおこないます。残存価額は零とします。

(13. 2)④　（借）　減価償却費　　　　　1,002　　（貸）　減価償却累計額　　　　1,002

(13. 2)⑤　（借）　減損損失　　　　　　2,400　　（貸）　機械装置　　　　　　　2,400
☞　*20X5年1月末には［割引前将来キャッシュ・フロー 1,800］＜［帳簿価額 3,996］より，減損損失を認識する必要があります。したがって，回収可能価額 1,596 と帳簿価額 3,996 との差額が減損損失となります。*

(13. 2)⑥　（借）　減価償却費　　　　　　399　　（貸）　減価償却累計額　　　　　399
☞　*⑤の回収可能価額 1,596 を「新たな取得原価」とみて，残存耐用年数（4年）で減価償却をおこないます。*

(13. 3)①　（借）　建物　　　　　　　　　800　　（貸）　当座預金　　　　　　　　400
　　　　　　　　　修繕費　　　　　　　　200　　　　　　未払金　　　　　　　　　600
☞　*耐震強化のための支出は，建物そのものの価値を高める資本的支出に該当します。*

(13. 3)②　（借）　未払金　　　　　　　　600　　（貸）　普通預金　　　　　　　　600

(13. 3)③　（借）　減価償却費　　　　　　320　　（貸）　減価償却累計額　　　　　320
☞　*以前より使用していた建物の減価償却費 300 ＝取得原価 6,000×償却率 0.050。*
☞　*①で耐震強化した部分の減価償却費 20 ＝取得原価 800×償却率 0.050×（6ヵ月／12ヵ月）。*

(13. 3)④　（借）　建物　　　　　　　15,000　　（貸）　建設仮勘定　　　　　　8,500
　　　　　　　　　　　　　　　　　　　　　　　　　営業外支払手形　　　　4,000
　　　　　　　　　　　　　　　　　　　　　　　　　現金　　　　　　　　　2,500
☞　*商品売買などのために振り出した手形とは区別するため，営業外支払手形勘定を用います。*

(13. 3)⑤　（借）　減価償却費　　　　　　250　　（貸）　減価償却累計額　　　　　250
☞　*減価償却費 250 ＝取得原価 15,000×償却率 0.050×（4ヵ月／12ヵ月）。*

(13. 4)①　（借）　機械装置　　　　　　9,035　　（貸）　普通預金　　　　　　　8,000
　　　　　　　　　　　　　　　　　　　　　　　　　資産除去債務　　　　　1,035

(13. 4)②　（借）　資産除去債務調整額　　31　　（貸）　資産除去債務　　　　　　31
　　　　　　　（借）　減価償却費　　　　1,807　　（貸）　減価償却累計額　　　　1,807

練習問題　　**193**

(13. 4) ③　　①について，20X3 年 3 月末の決算整理をおこないます。

(13. 4) ④　　①について，20X4 年 3 月末の決算整理をおこないます。

(13. 4) ⑤　　①について，20X5 年 3 月末の決算整理をおこないます。

(13. 4) ⑥　　①について，20X6 年 3 月末の決算整理をおこないます。

(13. 4) ⑦　　①について，20X6 年 4 月に機械装置を撤去し，委託業者へ小切手 1,260 を振り出しました。

● 14 章　練習問題

(14. 1) ①　　20X2 年 7 月 1 日付で SZ 社を吸収合併するため，SZ 社の株主へ新株（20/株）を 300 株発行し，増加すべき株主資本の全額を資本金として処理します。合併直前の SZ 社における財産の内訳は現金 1,800，商品 700，建物 2,600，土地 3,900（時価 4,200），借入金 3,800 とします。

(14. 1) ②　　①について，SZ 社の株主へ交付する 300 株のうち，100 株は自己株式（17/株）を処分した場合の仕訳をかんがえましょう。

(14. 1) ③　　①について，のれんの償却年数を 5 年として，20X3 年 3 月末の決算整理をおこないます。（150–152 頁も参照のこと）

194

| (13. 4)③ | （借） | 資産除去債務調整額 | 32 | （貸） | 資産除去債務 | 32 |
| | （借） | 減価償却費 | 1,807 | （貸） | 減価償却累計額 | 1,807 |

| (13. 4)④ | （借） | 資産除去債務調整額 | 33 | （貸） | 資産除去債務 | 33 |
| | （借） | 減価償却費 | 1,807 | （貸） | 減価償却累計額 | 1,807 |

| (13. 4)⑤ | （借） | 資産除去債務調整額 | 34 | （貸） | 資産除去債務 | 34 |
| | （借） | 減価償却費 | 1,807 | （貸） | 減価償却累計額 | 1,807 |

| (13. 4)⑥ | （借） | 資産除去債務調整額 | 35 | （貸） | 資産除去債務 | 35 |
| | （借） | 減価償却費 | 1,807 | （貸） | 減価償却累計額 | 1,807 |

| (13. 4)⑦ | （借） | 資産除去費用 | 1,260 | （貸） | 当座預金 | 1,260 |
| | （借） | 資産除去債務 | 1,200 | （貸） | 資産除去費用 | 1,200 |

☞ *1取引（1本の仕訳）という別解もあり得るでしょう。*
（借）　*資産除去債務*　*1,200*　（貸）*当座預金*　*1,260*
　　　　資産除去費用　　　*60*

○解答及び解説

(14. 1)①	（借）	現金	1,800	（貸）	借入金	3,800
		商品	700		資本金	6,000
		建物	2,600			
		土地	4,200			
		のれん	500			

(14. 1)②	（借）	現金	1,800	（貸）	借入金	3,800
		商品	700		自己株式	1,700
		建物	2,600		資本金	4,300
		土地	4,200			
		のれん	500			

| (14. 1)③ | （借） | のれん償却 | 75 | （貸） | のれん | 75 |

☞ *20X3年3月末の決算整理では，20X2年7月1日以降の9ヵ月分を償却します。*

練習問題　**195**

(14. 2)①　20X2 年 7 月 1 日付で SY 社株主との間で株式交換をおこないます。SY 社の発行済株式を 100％取得するために，SY 社株主に普通預金口座から 6,000 を支払いました。

(14. 2)②　①について，現金 6,000 に代えて，EX 社株式（20/株）を 300 株発行し，増加すべき株主資本の全額を資本金として処理します。

(14. 2)③　20X2 年 10 月に SV 社株式を 100％取得するために 5,000 を支払った際，[（借）投資有価証券 5,000（貸）普通預金 5,000]と処理していたことが判明しました。

(14. 3)①　20X2 年 7 月 1 日付で SX 社の発行済株式を 80％取得し，普通預金口座から 4,900 を支払います。EX 社における個別上の仕訳をかんがえましょう。

(14. 3)②　①について，20X3 年 3 月末に SX 社株式の時価が 4,800 に下落しました。

(14. 3)③　①について，連結修正をかんがえましょう。20X2 年 6 月末の SX 社における貸借対照表は現金 1,800，商品 700，建物 2,600，土地 3,900（時価 4,200），借入金 3,800，資本金 2,000，利益剰余金 3,200 とします。

(14. 3)④　①について，のれんの償却年数を 5 年とし，20X3 年 3 月末の連結修正をおこないます。（150–152 頁も参照のこと）

(14. 3)⑤　①について，子会社化した SX 社が 20X3 年 3 月末までに当期純利益 600 を計上した場合の 20X3 年 3 月末の連結修正をかんがえましょう。

(14. 3)⑥　⑤について，子会社化した SX 社が 20X3 年 3 月末までに当期純損失 600 を計上した場合の 20X3 年 3 月末の連結修正をかんがえましょう。

(14.2)① （借）関係会社株式　　6,000　　（貸）普通預金　　6,000
　　☞ SY社株式を100%取得したので「子会社株式」に該当します。本問では155頁の勘定科目一覧にありませんので、「関係会社株式」として処理しています（**図表10-1**）。

(14.2)② （借）関係会社株式　　6,000　　（貸）資本金　　6,000

(14.2)③ （借）関係会社株式　　5,000　　（貸）投資有価証券　　5,000
　　☞ 慣れるまでは、(1)誤った処理の反対仕訳をおこない、(2)正しい仕訳をおこなう、という2段階（2本の仕訳）をもって処理したうえで、「普通預金5,000」を相殺消去しましょう。
　　(借)　普通預金　　5,000　　(貸)　投資有価証券　5,000……(1)誤った処理の反対仕訳
　　(借)　関係会社株式　5,000　　(貸)　普通預金　　5,000……(2)正しい仕訳

(14.3)① （借）関係会社株式　　4,900　　（貸）普通預金　　4,900

(14.3)② 仕訳なし
　　☞ 関係会社株式は、時価が著しく下落した場合を除いて、時価評価をおこないません。

(14.3)③ （借）土地　　　　　　300　　（貸）評価差額　　　　300
　　　　（借）資本金　　　　2,000　　（貸）関係会社株式　4,900
　　　　　　利益剰余金　　3,200　　　　　非支配株主持分　1,100
　　　　　　評価差額　　　　300
　　　　　　のれん　　　　　500
　　☞ のれん500＝SX社株式4,900－（資本金2,000＋利益剰余金3,200＋評価差額300）×80%。
　　☞ 非支配株主持分1,100＝（資本金2,000＋利益剰余金3,200＋評価差額300）×20%。

(14.3)④ （借）のれん償却　　　75　　（貸）のれん　　　　　75
　　☞ 20X3年3月末の決算整理では、20X2年7月1日以降の9ヵ月分を償却します。

(14.3)⑤ （借）非支配株主に帰属　　　　　（貸）非支配株主持分　120
　　　　　　する当期純損益　　120
　　☞ 非支配株主持分120＝SX社当期純利益600×20%。

(14.3)⑥ （借）非支配株主持分　120　　（貸）非支配株主に帰属
　　　　　　　　　　　　　　　　　　　　　する当期純損益　　120
　　☞ 非支配株主持分120＝SX社当期純損失600×20%。

練習問題　　197

(14. 5)① 20X2 年 12 月 1 日付で SW 社の発行済株式を 20%取得し，普通預金口座から
1,100 を支払います。20X2 年 11 月末の SW 社における貸借対照表は現金
1,800，商品 700，建物 2,600，土地 3,900（時価 4,200），借入金 3,800，資本金
2,000，利益剰余金 3,200 とします。

(14. 5)② ①について 20X3 年 3 月末までの 1 年間に SW 社が当期純利益 600 を計上し
ていた場合，20X3 年 3 月末の連結修正をおこないます。

(14. 5)③ 20X3 年 6 月 26 日付で SW 社はその他利益剰余金の配当 400 をおこないまし
た。

(14. 5)④ ③について 20X4 年 3 月末までの 1 年間に SW 社が当期純損失 300 を計上し
ていた場合，20X4 年 3 月末の連結修正をおこないます。

(14. 5)⑤ ①について，SW 社株式の取得に際して 950 を支払ったとしましょう。その
うえで②について 20X3 年 3 月末までの 1 年間に当期純利益 600 を計上して
いた場合，20X3 年 3 月末の連結修正をおこないます。

(14. 5)⑥ ①について，SW 社株式の取得に際して 1,250 を支払ったとしましょう。のれ
んの償却年数は 5 年とします。そのうえで②について 20X3 年 3 月末までの 1
年間に当期純利益 600 を計上していた場合，20X3 年 3 月末の連結修正をおこ
ないます。

(14.5)① （借）　関係会社株式　　　　1,100　　（貸）　普通預金　　　　　　1,100
☞　SW社株式を20％取得したので「関連会社株式」に該当します。本問では155頁の勘定科目一覧にありませんので，「関係会社株式」として処理しています（**図表10-1**）。

(14.5)② （借）　関係会社株式　　　　　40　　（貸）　持分法による
　　　　　　　　　　　　　　　　　　　　　　　　　　　　投資損益　　　　　　40
☞　SW社の計上した当期純利益600×持分比率20％×（4ヵ月／12ヵ月）＝40。

(14.5)③ （借）　現金　　　　　　　　　80　　（貸）　受取配当金　　　　　80

(14.5)④ （借）　受取配当金　　　　　　80　　（貸）　関係会社株式　　　　80
　　　　　（借）　持分法による
　　　　　　　　　投資損益　　　　　　60　　（貸）　関係会社株式　　　　60
☞　③でおこなったEX社個別上の仕訳について，連結修正により相殺消去します。
☞　SW社の計上した当期純損失300×持分比率20％×（12ヵ月／12ヵ月）＝60。

(14.5)⑤ （借）　関係会社株式　　　　 190　　（貸）　持分法による
　　　　　　　　　　　　　　　　　　　　　　　　　　　　投資損益　　　　 190
☞　20X2年11月末のSW社純資産5,500（＝諸資産9,300－諸負債3,800）×持分比率20％＝1,100に対して，950を支払っているため負ののれん150が生じます。持分法においては，負ののれんも持分法による投資損益に含めて処理します。
☞　SW社の計上した当期純利益600×持分比率20％×（4ヵ月／12ヵ月）＝40。

(14.5)⑥ （借）　関係会社株式　　　　　30　　（貸）　持分法による
　　　　　　　　　　　　　　　　　　　　　　　　　　　　投資損益　　　　　30
☞　20X2年11月末のSW社純資産5,500＝（諸資産9,300－諸負債3,800）×持分比率20％＝1,100に対して，1,250を支払っているためのれん150が生じます。持分法においては，のれんは投資（SW社株式）に含めて処理し，決算整理において償却をおこないます。20X3年3月末の決算整理では20X2年12月1日以降の4ヵ月分を償却し，のれん償却△10（＝150÷5年×（4ヵ月／12ヵ月））は持分法による投資損益に含めます。
☞　SW社の計上した当期純利益600×持分比率20％×（4ヵ月／12ヵ月）＝40。

練習問題　　**199**

索 引

あ 行

預り金　48
洗替方式　105, 109
安定性　70, 72, 78
安定配当　118
意思決定支援機能　103
一行連結　153
一時差異等　69
一般債権　40, 70
移動平均法　30
受取利息　65, 84, 88
受取和解金　96
内金　36, 76
打歩発行　96
裏書　42, 86
売上　5, 26
売上原価　5, 22, 23, 27, 29, 31, 64
売上原価対立法　27, 30, 32
売上債権　17, 36, 70, 76
売上総利益　22, 30, 73, 74
売上高　7, 22, 23, 28, 31, 73, 76
売掛金　37, 80
運用形態　2, 5, 15, 23, 28, 40
永久差異　69
営業外支払手形　165, 193
営業活動によるキャッシュ・フロー　75
営業利益　73, 74
オペレーティング・リース取引　127
親会社　108, 112, 113, 143, 146
親会社説　146

か 行

買入のれん方式　147, 150
買掛金　10, 36, 42, 46, 51
開業費　14
会計期間　4, 64, 106, 148
会計主体論　3

会社法　112, 115, 124, 143
回収可能価額　130
確定決算主義　67
確定債務　46, 51
火災未決算　171
貸倒損失　39
貸倒引当金繰入　39, 40
合併後貸借対照表　140
合併比率　141
株式　43, 86, 92, 101, 105, 107, 121
株式価値　100, 101, 103, 111, 114, 150
株式交換　142
株式交付費　124
株式報酬費用　44, 123
株主資本　6, 7, 10, 70, 72, 79, 101, 110,
　　116, 119, 122, 141, 147
株主資本等変動計算書　119, 149
貨幣的測定の公準　2
借入金　77, 129, 136
関係会社株式　92, 104, 112
勘定　5
勘定形式　8
完全子会社　142
関連会社　112, 153
関連会社株式　92, 112, 199
期間費用　6, 21, 23, 27, 51, 57, 136
企業価値　141, 150
企業結合　138, 150
企業実体の公準　3
企業集団　108, 143
期待収入額　84, 93
希薄化　117
期末商品棚卸高　63
キャッシュ・フロー計算書　75
吸収合併　3, 139, 151
給与　5, 44, 47
切放方式　105
金融資産　17

200

金融商品取引法　121, 143
金利調整差額　92, 96
偶発債務　52
クーポン　91, 96, 101, 114
クーポン券　12
クリーン・サープラス関係　7, 102, 110
繰越商品　26
繰越利益剰余金　7, 51, 70, 102, 110, 115, 118
繰延資産　14, 125
繰延税金資産　183
繰延税金負債　181
クレジット売掛金　37
黒字倒産　80
経過勘定　33, 50, 56, 60, 65
経済的単一体説　146
経常利益　73, 74
継続企業の公準　4, 14, 64
継続性の原則　31
経費　19, 23, 54, 64
契約負債　33, 36
決算　4
決算整理　27, 32, 51, 56, 61, 63, 64, 67
原因発生主義　40
減価償却　20, 58, 129, 131, 133, 136
研究開発費　47, 173
現金　2, 8, 17, 70, 96, 118
現金過不足　63
現金主義　25, 32, 45, 55
現金等価物　32, 36, 83
現金同等物　18, 75, 76, 80
現在価値　84, 88, 92, 95, 101, 106, 128, 131
検収　36
建設仮勘定　132, 136
減損処理　98, 112, 130, 150
減損の兆候　130
権利金　57
権利行使価格　121
交際費等　54, 68
公正な評価額　131, 138
コーポレートガバナンス・コード　108
子会社　112, 146
子会社株式　92, 112, 197

小切手　16
国庫補助金受入益　96
個別法　29

さ　行

災害対策積立金　51
債権者　115, 118, 143
債権の流動化　80
再振替仕訳　33, 51, 57, 106
財務会計の概念フレームワーク　103, 105, 150, 152
財務活動によるキャッシュ・フロー　75
材料費　19, 23, 46, 132
先入先出法　29
先日付小切手　17
差入保証金　57, 136
残存価額　58
三分法　26, 32, 62
残余利益モデル　101
仕入　26
仕入債務　36
時価　97, 100, 138, 143
仕掛研究開発　139
仕掛品　20
時間的報酬　83, 106, 120
敷金　55
識別可能資産及び負債　139
自己株式の取得　116
自己株式の消却　117
自己株式の処分　117, 125
自己資本比率　72
自己創設のれん　150
資産　2, 23, 70, 152
資産除去債務　133
資産負債の両建処理　135
実現　24, 32
実効利率　92, 95
支配　112, 138, 146
支配力基準　146
支払手形　36
支払家賃　56
四半期　4
資本　2, 6
資本金　3, 14, 117, 122, 124

資本準備金　115, 118, 124
資本的支出　133
資本取引　102, 126
資本取引・損益取引区分の原則　126
社債　91, 101, 120, 129
社債償還損　187
社債利息　120
収益　5, 82
収益的支出　133
収益認識　32, 38
収益力　73, 79, 140
従業員賞与　50, 53
修正受渡日基準　103
修正国際基準　109
修繕費　133
重要性の原則　60
重要な影響　112, 153
取得関連費用　138
取得企業　138
取得原価　59, 97, 103, 108, 128, 131, 136, 139
純現金収支　77
純資産　12, 72, 109, 110, 123
純資産の部　10, 72, 108, 116, 123, 146
使用価値　131
償却　14, 57, 150
償却原価法　92, 97
償却債権取立益　96
使用権資産　127
条件付債務　46, 51
試用販売　37
消費税　33
商品　5, 28, 64, 70, 103
商品有高帳　31, 32
商品評価損　63
正味売却価額　131
消耗品費　25, 60
剰余金の額　116
賞与引当金繰入　50
除却　59, 62, 169
所得金額　67
仕訳　13
新株式申込証拠金　124
新株予約権　12, 121

新株予約権戻入益　122
人件費　43, 46, 55
ストック・オプション　12, 43, 121
正常営業循環過程　70
製造原価明細書　22
税引後当期純利益　110, 115
税引前当期純利益　67, 74, 75
製品保証引当金繰入　52
セグメント情報　22
全部純資産直入法　108
総勘定合計表　5, 11
総平均法　30
創立費　14
租税公課　62
その他資本剰余金の配当　112
その他の包括利益　109
その他有価証券　91, 92, 104, 107
その他有価証券評価差額金　109
その他利益剰余金の配当　86, 112, 114, 149
損益計算書　6, 22, 68, 74, 110, 148, 151
損金不算入　68
損失　3, 51

た　行

対価の柔軟化　142
待機義務　52
貸借対照表　7, 70, 72
退職給付　45
退職給付引当金　46
退職給付費用　44
耐用年数　58, 60, 129
立替金　163
棚卸　20
棚卸減耗損　63
棚卸資産　22, 64
他人振出小切手　17
短期前払費用　25, 57
調達源泉　2, 5, 36, 48, 52, 70, 79
貯蔵品　61
賃金　47
通信費　61
定額法償却率　58
定期預金　82, 93

手形貸付金　87
手形売却損　42, 89
手付金　35
デリバティブ　17, 103
電子記録債権　86
電子マネー　37
天引き　47
投機　105
当期純利益　6, 74, 110
当期製品製造原価　21
当期総製造費用　20
登記費用　134
当座預金　15, 16, 75, 86
投資会社　112, 153
投資活動によるキャッシュ・フロー　75
投資有価証券　92
投資有価証券評価損　98
時の経過による調整額　134, 136
取引価格　34
取引10要素　11

な　行

任意積立金　118
のれん　139, 144, 147, 150
のれん償却　150

は　行

売価還元法　30
配当金領収証　101
配当性向　101, 118
配当割引モデル　101, 111
売買目的有価証券　92, 103, 105, 112
破産更生債権等　39, 70
発生主義　20, 23, 33, 44, 46, 58
払込資本　115, 119, 142
販売促進費　38
販売費及び一般管理費　43, 73, 74, 151
引当金の認識要件　52
非支配株主持分　146, 147
被取得企業　138, 152
費用　5, 20, 40, 45, 52, 56, 62, 67
評価差額　103, 144
費用収益対応の原則　22, 24, 40, 45, 58
表面利率　86, 91, 95, 120

ファイナンス・リース取引　127
複利計算　85, 92
福利厚生費　44, 48, 55
負債　2, 33, 36, 46, 65, 70, 121, 129, 135, 137, 152
付随費用　104, 136
普通預金　15, 65, 75, 86
負ののれん　151
不渡　40, 41
分記法　27
分配可能額　115, 116, 118
別段預金　124
ポイント　34, 38
包括利益　110
包括利益計算書　109
法人格　13, 139, 142
法人税等　62, 67, 74
法人税等調整額　74
法人税法　54, 65, 94, 132, 143
法定実効税率　67
法定福利費　44, 48
法律上の権利　58, 139
保守主義の原則　40, 65
保証　40, 42
保証債務　89

ま　行

前受金　33
前受収益　33
前払金　35
前払費用　57
前渡金　35, 57
満期保有目的の債券　91, 92, 95
未収収益　66
未収入金　106, 167, 171
未償却原価　59, 70, 131, 134
見積現金購入価額　128
未払金　46, 48, 51, 65, 136
未払配当金　118
未払費用　50, 65
未払法人税等　68
無形固定資産　58, 139, 150
無リスク金利　120
無リスクの税引前の利率　133

持ち合い　107
持分法　113, 147, 153
持分法による投資損益　113, 154

や 行

約定日基準　103
約束手形　17, 41, 87
有価証券　17, 77, 86, 92, 103
有価証券運用損益　105
有価証券利息　86, 93, 96
有給休暇費用　44
有形固定資産　58
有償減資　118
用役　23, 33, 44, 56

ら 行

ライツ・イシュー　121
リース債務　128, 133, 137
利益　3
利益準備金　115, 118
利害関係者　79
利害調整機能　115
リサイクリング　110
リスクプレミアム　120

利息法　94, 128
利付債　86, 91
流通市場　86, 102
流動比率　72
留保利益　115
礼金　55, 57
連結財務諸表　22, 110, 143, 153
連結修正　113, 143, 148
連結貸借対照表　144, 147
労働用役　44, 48, 53, 55, 123, 132
労務費　19, 23

わ 行

割引　42, 86, 89
割引価値　133
割引債　93
割引料　42

英 字

EDINET　121
IFRSs　43, 53, 109, 125, 127, 130, 146, 151
ROA　79
ROE　79, 141

著者紹介

平野　智久（ひらの　ともひさ）

1985 年　神奈川県に生まれる
2010 年　修士（商学）（慶應義塾大学）
2012 年　福島大学経済経営学類講師
2013 年　慶應義塾大学大学院商学研究科後期博士課程単位取得退学
2015 年　福島大学経済経営学類准教授，現在に至る

著書，主要論文

『ケースブック財務会計』新世社，2018 年
「電力会社の貸借対照表における仮勘定の性格」『日本簿記学会年報』31 号，2016 年
　　　（平成 28 年度日本簿記学会奨励賞）
　　　（平成 29 年度福島大学学長学術研究奨励賞）
「原子力発電施設の廃止措置に関する会計問題」『商学論集』83 巻 3 号，2014 年
「顧客へ付与する特典に関する会計問題」『三田商学研究』55 巻 1 号，2012 年

仕訳でかんがえる会計学入門

| 2019 年 9 月 25 日 ⓒ | 初 版 発 行 |
| 2022 年 3 月 10 日 | 初版第 2 刷発行 |

著 者　平野智久　　　　発行者　森平敏孝
　　　　　　　　　　　　印刷者　小宮山恒敏

【発行】　　株式会社　新世社

〒151-0051　東京都渋谷区千駄ヶ谷1丁目3番25号
編集☎(03)5474-8818(代)　　サイエンスビル

【発売】　　株式会社　サイエンス社

〒151-0051　東京都渋谷区千駄ヶ谷1丁目3番25号
営業☎(03)5474-8500(代)　　振替　00170-7-2387
FAX☎(03)5474-8900

印刷・製本　小宮山印刷工業(株)
《検印省略》

本書の内容を無断で複写複製することは，著作者および
出版者の権利を侵害することがありますので，その場合
にはあらかじめ小社あて許諾をお求め下さい。

ISBN978-4-88384-300-8
PRINTED IN JAPAN

サイエンス社・新世社のホームページのご案内
http://www.saiensu.co.jp
ご意見・ご要望は
shin@saiensu.co.jp まで.